Kohlhammer

Lindauer Beiträge zur Psychotherapie und Psychosomatik

Herausgegeben von Michael Ermann und Dorothea Huber

Michael Ermann, Prof. Dr. med. habil., ist Psychoanalytiker in Berlin und em. Professor für Psychotherapie und Psychosomatik an der Ludwig-Maximilians-Universität München.

Dorothea Huber, Professor Dr. med. Dr. phil., war bis 2018 Chefärztin der Klinik für Psychosomatische Medizin und Psychotherapie an der München Klinik. Sie ist Professorin an der Internationalen Psychoanalytischen Universität, IPU Berlin, und in der wissenschaftlichen Leitung der Lindauer Psychotherapiewochen tätig.

Eine Übersicht aller lieferbaren und im Buchhandel angekündigten Bände der Reihe finden Sie unter:

 https://shop.kohlhammer.de/lindauer-beitraege

Der Autor

Priv.-Doz. Dr. med. Wolfgang Wöller ist Facharzt für Psychosomatische Medizin und Psychotherapie sowie für Neurologie und Psychiatrie. Psychoanalytiker (DGPT, DPG) und Lehranalytiker. EMDR-Therapeut und -Supervisor. Bis Ende 2017 Ärztlicher Direktor der Rhein-Klinik, Krankenhaus für Psychosomatische Medizin und Psychotherapie in Bad Honnef und Dozent an der Heinrich-Heine-Universität Düsseldorf. Aktuell freie Tätigkeit überwiegend im Bereich von Weiterbildung, Supervision und Forschung. Buch- und Zeitschriften-Publikationen und Vortragstätigkeit auf den Gebieten der psychodynamischen Behandlungstechnik sowie der Behandlung von psychosomatischen Störungen, Traumafolgestörungen und Persönlichkeitsstörungen.

Wolfgang Wöller

Ressourcenorientierung in der psychodynamischen Therapie

Verlag W. Kohlhammer

Dieses Werk einschließlich aller seiner Teile ist urheberrechtlich geschützt. Jede Verwendung außerhalb der engen Grenzen des Urheberrechts ist ohne Zustimmung des Verlags unzulässig und strafbar. Das gilt insbesondere für Vervielfältigungen, Übersetzungen, Mikroverfilmungen und für die Einspeicherung und Verarbeitung in elektronischen Systemen.

Pharmakologische Daten verändern sich ständig. Verlag und Autoren tragen dafür Sorge, dass alle gemachten Angaben dem derzeitigen Wissensstand entsprechen. Eine Haftung hierfür kann jedoch nicht übernommen werden. Es empfiehlt sich, die Angaben anhand des Beipackzettels und der entsprechenden Fachinformationen zu überprüfen. Aufgrund der Auswahl häufig angewendeter Arzneimittel besteht kein Anspruch auf Vollständigkeit.

Die Wiedergabe von Warenbezeichnungen, Handelsnamen und sonstigen Kennzeichen in diesem Buch berechtigt nicht zu der Annahme, dass diese von jedermann frei benutzt werden dürfen. Vielmehr kann es sich auch dann um eingetragene Warenzeichen oder sonstige geschützte Kennzeichen handeln, wenn sie nicht eigens als solche gekennzeichnet sind.

Es konnten nicht alle Rechtsinhaber von Abbildungen ermittelt werden. Sollte dem Verlag gegenüber der Nachweis der Rechtsinhaberschaft geführt werden, wird das branchenübliche Honorar nachträglich gezahlt.

Dieses Werk enthält Hinweise/Links zu externen Websites Dritter, auf deren Inhalt der Verlag keinen Einfluss hat und die der Haftung der jeweiligen Seitenanbieter oder -betreiber unterliegen. Zum Zeitpunkt der Verlinkung wurden die externen Websites auf mögliche Rechtsverstöße überprüft und dabei keine Rechtsverletzung festgestellt. Ohne konkrete Hinweise auf eine solche Rechtsverletzung ist eine permanente inhaltliche Kontrolle der verlinkten Seiten nicht zumutbar. Sollten jedoch Rechtsverletzungen bekannt werden, werden die betroffenen externen Links soweit möglich unverzüglich entfernt.

1. Auflage 2025

Alle Rechte vorbehalten
© W. Kohlhammer GmbH, Stuttgart
Gesamtherstellung: W. Kohlhammer GmbH, Stuttgart

Print:
ISBN 978-3-17-044590-1

E-Book-Formate:
pdf: ISBN 978-3-17-044591-8
epub: ISBN 978-3-17-044592-5

Inhalt

Vorwort 9

1 **Was bedeutet ressourcenorientiertes Arbeiten in der psychodynamischen Therapie?** 13
1.1 Einleitung 13
1.2 Über welche Ressourcen verfügen unsere Patienten und wir – und welche bedürfen der Aktivierung? .. 19
1.3 Ressourcen für das Verfahren der psychodynamischen Psychotherapie – Theorien und Modelle als Ressourcen 22

2 **Grundlagen ressourcenbasierter psychodynamischer Psychotherapie** 28
2.1 Orientierung an Motivationen und Grundbedürfnissen 28
2.2 Zentrale Stellung der Emotionen und die besondere Bedeutung der positiven Emotionalität .. 30
2.3 Die Bedeutung regulatorischer Vorgänge in Beziehungen 35
2.4 Neurobiologische Orientierung 38
2.5 Befunde der Psychotherapieforschung zur Wirksamkeit von Psychotherapien 40
2.6 Bewährte Theoriebildungen mit zeitgemäßen Modifikationen und Ergänzungen unter der Perspektive der Ressourcenorientierung 41
2.7 Vier Perspektiven einer zeitgemäßen psychodynamischen Therapie 48

3 Ressourcenorientierte psychodynamische Beziehungsgestaltung ... 50
3.1 Empathische, von Mitgefühl getragene Grundhaltung ... 50
3.2 Regulieren ... 52
3.3 Kooperative therapeutische Beziehung ... 58
3.4 Brüche in der therapeutischen Beziehung und ihre Reparatur ... 62
3.5 Achtsamkeitsbasierte Haltung ... 65

4 Ressourcenorientierung im Konflikt-, Struktur- und Repräsentanzenparadigma ... 68
4.1 Allgemeines ... 68
4.2 Vorzüge einer Ressourcenperspektive für das Modell des unbewussten Konflikts ... 71
4.3 Ressourcenaktivierende Interventionen im Rahmen strukturbezogener Arbeit ... 76
4.3.1 Allgemeine Aspekte ... 76
4.3.2 Unspezifische ressourcenaktivierende Interventionen zur Generierung positiver emotionaler Zustände ... 79
4.3.3 Aktivierung positiver Erinnerungsbilder ... 81
4.3.4 Spezifische ressourcenorientierte Arbeit an Ich-Funktionen ... 84
4.3.5 Therapeutischer Umgang mit dissoziativen Phänomenen und unzureichend integrierten Persönlichkeitszuständen ... 87
4.3.6 Symbolisch-imaginative Versorgung innerer Kindanteile ... 89
4.4 Ressourcenorientiertes Arbeiten mit dem »Repräsentanzen-Modell« ... 92
4.4.1 Allgemeines zu Störungen der Repräsentanzenbildung ... 92
4.4.2 Indikationskriterien für den Einsatz traumakonfrontativer Methoden ... 97

4.4.3	Stressreduktion und Stärkung der Bewältigungsfähigkeit bei traumaassoziierten Belastungen der Gegenwart oder nahen Zukunft	101
4.4.4	»Pendel-Technik« zur sicheren traumakonfrontativen Bearbeitung von Traumen der Vergangenheit bei labiler Emotionsregulierung und begrenzter Ressourcenausstattung	104
4.4.5	EMDR	106
4.4.6	Differenzialindikation schonender traumakonfrontativer Methoden im psychodynamischen Behandlungskontext ...	107
4.3.7	Therapeutischer Umgang mit weiteren nicht symbolisch repräsentierten psychischen Zuständen	108

5 Ressourcenorientierter Umgang mit Blockaden des therapeutischen Prozesses 110

5.1	Blockaden des therapeutischen Prozesses und der Begriff des »Widerstandes«	110
5.2	Gründe für überwiegend patientenseitige Blockaden des therapeutischen Prozesses	112
5.3	Gründe für überwiegend therapeutenseitige Blockaden des therapeutischen Prozesses	115
5.4	Blockaden in der therapeutischen Beziehung aufgrund ungeklärter Aspekte der Gegenübertragung	117
5.5	Ein ressourcenorientierter Umgang mit dem Konzept der projektiven Identifizierung	123
5.6	Umgang mit fehlender emotionaler Distanz und Transformation der negativen Emotionalität	126
5.7	Schluss	133

Literatur **135**

Stichwort- und Personenverzeichnis **143**

Vorwort

Das vorliegende Buch ist ein Plädoyer für die Integration ressourcenorientierten Denkens in die psychodynamische Behandlungspraxis. Es will zeigen, welche Vorteile eine systematische Berücksichtigung des Prinzips der Ressourcenorientierung für das psychodynamische Arbeiten hat. Trotz der breiten Rezeption des Prinzips der Ressourcenorientierung in den meisten psychotherapeutischen, soziotherapeutischen und pädagogischen Kontexten findet sich vor allem in psychodynamisch oder psychoanalytisch sozialisierten Fachkreisen noch immer eine auffällige Zurückhaltung gegenüber einer ressourcenorientierten Haltung. Die Reserviertheit reicht von Skepsis bis zu vehementer Ablehnung. Wie lässt sich eine solche, nicht selten anzutreffende skeptische Haltung gegenüber ressourcenorientierten Ansätzen verstehen? Zumeist wird die Sorge angeführt, das psychoanalytische Konfliktverständnis könne einem oberflächlichen Positiv-Denken geopfert werden. Ebenso wird die Befürchtung geäußert, die für die psychodynamischen Verfahren konstitutive Bedeutung unbewusster Prozesse könne aus dem Blick geraten oder ganz verloren gehen. Gern wird dabei auf Ansätze positiver Psychologie und Psychotherapie aus dem nordamerikanischen Raum verwiesen, die tatsächlich wenig Bezüge zu einem an der Psychoanalyse orientierten Konfliktverständnis und zu unbewussten motivationalen Prozessen aufweisen.

Wir werden sehen, dass derartigen Befürchtungen ein gravierendes Missverständnis dessen zugrunde liegt, was unter Ressourcenorientierung in einem der Patientenbehandlung zuträglichen Sinne verstanden werden kann. Nach unserem Verständnis mindert die Integration ressourcenbasierter Ansätze in das psychodynamische Arbeiten gerade *nicht* die Bedeutung der Arbeit an unbewussten Konflikten und verringert ebenso wenig die Notwendigkeit der Auseinandersetzung mit ängstigenden, schmerzhaften oder schamerfüllten Aspekten menschlichen Erlebens. Im Gegenteil, nach der von uns vertretenen Auffassung verbessert eine hinreichende Ressourcenaktivierung die Voraussetzungen, um wirksam an unbewussten motivationalen Konflikten, Ich-strukturellen Einschränkungen oder traumatischen Erinnerungen arbeiten zu können.

Wenn nun schon nach Ressourcen gefragt werden soll – so lautet die sich vielfach anschließende Argumentation –, verfügt dann nicht die von der Psychoanalyse abgeleitete psychodynamische Therapie bereits aus sich heraus über einen so umfangreichen Fundus an therapeutischen Ressourcen, dass sich eine weitere Anreicherung erübrigt? Ja und Nein. Ohne Zweifel kann sich die psychodynamische Therapie auf ein in mehr als einhundert Jahren erworbenes psychoanalytisches Erfahrungswissen stützen, das einen unschätzbaren Ressourcenfundus darstellt und um jeden Preis bewahrt werden sollte. Als die zentrale »Ressource« psychodynamischer Therapie betrachten wir das psychodynamische Beziehungsverständnis und das Wissen um die herausragende Rolle unbewusster Prozesse, die das psychodynamische Denken und Handeln weit mehr als andere Psychotherapieverfahren prägt.

Andererseits werden wir sehen, dass unser psychodynamisches Handeln sehr wohl eine nicht unbeträchtliche Bereicherung erfahren kann, wenn die therapeutische Beziehungsgestaltung stärker vom Prinzip der Ressourcenorientierung geleitet und das Spektrum unserer Interventionen um ressourcenaktivierende Elemente erweitert wird. Nicht zuletzt, weil es sich als notwendig erwiesen hat, einige Lücken der psychodynamischen Behandlungstechnik zu schließen, besonders solche, die im Bereich der Behandlung von Traumafolgestörungen sichtbar geworden sind. Schließlich ist es an der Zeit, die Fülle neuerer Forschungsdaten und Befunde aus den Bereichen der Entwicklungspsychologie, der Neurobiologie und der Psychotherapieforschung in unser psychodynamisches Behandlungswissen zu integrieren und – last but not least – die Verfügbarkeit brauchbarer psychodynamischer Theorien und Modelle unter einem Ressourcengesichtspunkt neu zu beleuchten.

Unter einem theoretischen Blickwinkel will dieses Buch darlegen, dass mit dem Prinzip der Ressourcenorientierung die dem psychodynamischen Denken grundsätzlich vertraute Beziehungsdimension der hilfreichen Beziehung angesprochen wird, jedoch mit einer wichtigen Modifikation: dass sich das Muster der hilfreichen Beziehung keineswegs auf die real gemachten oder real zu erwartenden positiven Erfahrungen beschränken darf, sondern immer auch die verinnerlichten positiven Beziehungserfahrungen und die Welt der positiv fantasierten und gewünschten Erfahrungen und Unterstützungsquellen einschließen sollte. Und schließlich will es anregen, mit der so gewonnenen Perspektive auch die Gesamtheit unseres therapeutischen Instrumentariums – die Welt der Theorien, Modelle, Interventionen, Behandlungssettings und selbst die verwendeten Fachbegriffe – daraufhin zu befragen, ob sie tatsächlich die Art der Unterstützungsbeziehung vermitteln, die sie zu vermitteln versprechen.

Das hier vorgelegte Buch wurde zunächst als eine verschriftliche Fassung der Vorlesungsreihe »Ressourcenorientierte Psychodynamische Psychotherapie« konzipiert, die auf den Lindauer Psychotherapietagen 2023 gehalten wurde. Es kann auch als ein Kondensat oder Kompendium der Gedanken zu einer ressourcenorientierten Fundierung psychodynamischer Therapie verstanden werden, die umfassender in dem Buch »Psychodynamische Psychotherapie. Lehrbuch der ressourcenbasierten Praxis«[1] versucht wurde.[2] Das letztgenannte Buch kann als Referenzwerk dienen; zu seiner vertiefenden Lektüre mag das vorliegende, knapper gefasste Buch anregen und motivieren.

Ein nicht unwichtiger Aspekt sei zum Abschluss dieses Vorwortes hervorgehoben: Mit den hier dargestellten Überlegungen und Empfehlungen soll keine neue Form einer spezifischen psychodynamischen Therapie vorgestellt werden! Von daher versteht sich dieses Buch auch nicht als ein Therapiemanual. Ungeachtet der Berechtigung, die Manuale für die Behandlung einzelner Störungsbilder haben können, will dieses Buch vielmehr eine bestimmte therapeutische Haltung vermitteln, die für eine zeitgemäße psychodynamische Therapie prägend werden kann.

---

1 Wöller W (2022)
2 Insofern versteht sich dieses Buch auch nicht als eine Einführung in die psychodynamische Therapie. Zum Erwerb von Grundkenntnissen psychodynamisch-psychotherapeutischen Arbeitens sei nach wie vor das Buch »Tiefenpsychologisch fundierte Psychotherapie« (Wöller & Kruse 2024) empfohlen.

Vorwort

Wenn in der nun folgenden Darstellung immer wieder die Wir-Form gewählt wird, so soll damit zum Ausdruck kommen, dass so gut wie alle mitgeteilten Erfahrungen und Empfehlungen in langjähriger Zusammenarbeit mit Kolleginnen und Kollegen gewonnen wurden, die sich explizit oder implizit dem gleichen ressourcenbasierten Grundverständnis psychodynamischer Therapie verpflichtet fühlen. Es wäre schön, wenn mit diesen Vorbemerkungen die Neugier und das Interesse an einer produktiven Auseinandersetzung mit den nun folgenden Gedanken geweckt würden.

Wolfgang Wöller

1 Was bedeutet ressourcenorientiertes Arbeiten in der psychodynamischen Therapie?

1.1 Einleitung

Ressourcenorientierung gilt heute als gesicherter Wirkfaktor von Psychotherapie.[3] Es gilt als erwiesen, dass jede Form von Psychotherapie dann besonders wirksam ist, wenn sie nicht nur die Schwächen und Defizite von Patienten[4] adressiert, sondern auch deren Stärken und besondere Fähigkeiten nutzt. Vor allem aber entfaltet sie ihre Wirkung, wenn sie die zentralen Beziehungsbedürfnisse der Patienten berücksichtigt.

Die erste zentrale Annahme des Prinzips der Ressourcenorientierung besagt, dass Menschen auch dann, wenn sie sich aktuell in Zuständen störungsbedingt herabgesetzter Stimmungslage und verminderter Selbstwirksamkeit befinden, in ihrem Leben immer auch wertvolle Kompetenzen erworben und positive Erfahrungen gemacht haben, die sich für die Therapie aktivieren und nutzen lassen. Ressourcenaktivierung verfolgt dabei das Ziel, ihnen wieder den Zugang zu den vorhandenen, aber nicht unmittelbar verfügbaren Kompetenzen und Erfahrungen zu verschaffen.[5] Empirisch ließ sich überzeugend zeigen, dass es sich vorteilhaft auf das Therapieergebnis auswirkt, wenn in Therapien nicht nur von Schwächen und Problemen gesprochen wird, sondern auch Kompetenzen und Stär-

---

3 Grawe K (1998), Grawe K & Grawe-Gerber M (1999)
4 Um der Erfordernis einer gendersensiblen Sprache und der Lesbarkeit des Textes gleichermaßen Rechnung zu tragen, wurden nach Kapiteln abwechselnd weibliche und männliche Formulierungen gewählt. Wenn in dem hier präsentierten ersten Kapitel durchgängig die männliche Form erscheint, sind gleichwohl alle Geschlechter gemeint.
5 Willutzki U & Teismann T (2013)

ken gezielt aufgegriffen werden und die Patienten sich in ihren schätzenswerten Eigenschaften wahrgenommen fühlen.[6] Vergleicht man im Hinblick auf die erzielte Symptomreduktion erfolgreiche von weniger erfolgreichen Therapiesitzungen, so fand sich in den erfolgreichen Sitzungen ein höherer Anteil ressourcenaktivierender Interventionen. Offensichtlich bewirkt die Lenkung der Aufmerksamkeit hin zu den Ressourcen des Patienten eine Verbesserung der therapeutischen Beziehung und damit eine wirksamere Problembearbeitung.[7]

Aber auch eine zweite Annahme ist von zentraler Bedeutung: die Annahme, dass sich die grundlegenden Bedürfnisse und motivationalen Ziele, von denen Menschen bei allen Vollzügen des Alltags geleitet werden, naturgemäß auch auf ihr Verhalten in der therapeutischen Situation auswirken. Passend zu dieser Annahme ließ sich nachweisen, dass Ergebnisse von Psychotherapien besser ausfielen, wenn Patienten sich in ihren eigenen Werten und Zielen unterstützt fühlten und ihr Verhalten in der Therapie durch ihre eigenen motivationalen Ziele – und nicht nur durch die Konzepte der Therapeuten oder die Vorgaben des Therapiesettings – bestimmt war.[8]

Drittens richtet eine ressourcenorientierte Perspektive die Aufmerksamkeit immer auch auf unsere eigene Befindlichkeit als Therapeuten und darauf, welche Ressourcen uns zur Durchführung unserer therapeutischen Aufgabe zur Verfügung stehen. Neben Fachwissen ist es vor allem unsere Beziehungskompetenz, aber auch unsere Bereitschaft, externe Ressourcen in Form von Weiterbildung und Supervision in Anspruch nehmen. Eine entscheidende Ressource ist unsere Fähigkeit, angesichts der anflutenden negativen Emotionen der Patienten die eigene Emotionsregulierung und Mentalisierungsfunktion aufrechtzuerhalten. Allgemein wird angenommen, dass die Befindlichkeit des Therapeuten bedeutsame Auswirkungen auf den Therapieprozess hat.

Blicken wir aus einer psychodynamischen Perspektive auf das Prinzip der Ressourcenorientierung, so legt diese Blickrichtung eine bestimmte Art

---

6 Grawe K (2004)
7 Flückiger C & Wüsten G (2015)
8 Grawe K (2004)

1.1 Einleitung

der Beziehungsgestaltung nahe, die wir im Sinne der psychoanalytischen Objektbeziehungstheorie[9] als hilfreiche Objektbeziehung fassen können. Eine hilfreiche Objektbeziehung kann grundsätzlich vieles sein: Sie kann eine real gemachte oder eine gewünschte, nur im Fantasieraum existente Beziehungserfahrung widerspiegeln; sie kann sich auf »Objekte« aller Art – menschliche ebenso gegenständliche: Personen, Einrichtungen, Theorien oder Modelle – beziehen; und sie kann auch verinnerlichte Beziehungserfahrungen – Kompetenzen, Normen, Werte – umfassen, die, objektbeziehungstheoretisch betrachtet, als Niederschlag realer Beziehungserfahrungen aufgefasst werden. Entscheidend ist der tatsächlich oder potenziell hilfreiche Charakter der Ressourcenbeziehung – bezogen auf das von uns definierte Ziel einer Erfahrung. Was auch immer der Realisierung einer hilfreichen Erfahrung dient – gleichgültig, ob wir darunter eine positive menschliche Erfahrung, eine Kompetenzerfahrung oder die Erreichung der vereinbarten Therapieziele in einer Psychotherapie verstehen wollen – konstituiert eine Art der Objektbeziehung, die wir als Ressourcenbeziehung konzipieren wollen.

Auf der Basis dieser Annahmen setzt eine dem Prinzip der Ressourcenorientierung verpflichtete psychodynamische Therapieauffassung gegenüber eher traditionellen psychodynamischen Behandlungsansätzen einige zusätzliche Akzente:

1. Wir richten unsere Aufmerksamkeit nicht nur auf die negativen, sondern auch auf die – wenn auch meist nicht zahlreichen und oft verborgenen, aber gleichwohl so gut wie immer auch vorhandenen – *positiven Beziehungserfahrungen*. Wir richten sie ebenso auf positive Fantasien gewünschter künftiger Beziehungserfahrungen, um die mit ihrer Aktivierung verbundenen Ressourcenpotenziale zu nutzen.
2. Auch legen wir größeren Wert auf die Bedeutung und *Generierung positiver emotionaler Zustände*, als wir es aus der Erfahrung mit traditionellen psychodynamischen Psychotherapien gewohnt sind. Die Gründe dafür liegen in wertvollen Erkenntnissen der Forschungen zu Regulationsprozessen in allen Beziehungen, u.a. den Forschungen zur Bedeutung von Synchronien und Resonanzen in Beziehungen

---
9 Wöller W (2020), S. 75 ff.

(▶ Kap. 2.3). Insgesamt werden die Erkenntnisse und Befunde der Nachbarschaften – von den neurobiologischen und entwicklungspsychologischen Wissenschaften bis zur Psychotherapieforschung – stärker als bisher einbezogen, um therapeutische Prozesse zu gestalten.

3. Vor allem erfahren die zentralen *Beziehungsbedürfnisse* der Patienten – ihr Bedürfnis nach Orientierung und Kontrolle, ihr Bindungsbedürfnis und ihr Bedürfnis nach Selbstwertschutz und Selbstwertsteigerung – eine stärkere Beachtung.[10] Dabei beachten wir auch das Bedürfnis unserer Patienten nach Lustgewinn und Unlustvermeidung, wenn wir, mehr als es in traditionellen psychodynamischen Therapien üblich ist, danach fragen, ob sie sich in der Therapiesitzung wohl fühlen und ob sie gerne zur Therapie kommen, weil sie sich von ihr eine Unterstützung bei der Lösung ihrer Probleme versprechen.

4. In der Behandlung von Patienten mit Konfliktpathologien können *ressourcenorientierte Formen der Beziehungsgestaltung* den Zugang zum unbewussten Konfliktgeschehen erleichtern. Mehr noch als in herkömmlichen psychodynamischen Therapien achten wir auf eine positiv getönte Atmosphäre in der therapeutischen Beziehung, nicht etwa, um harmonisierend mit Konflikten umzugehen, sondern um die Voraussetzungen zu schaffen, die unsere Patienten brauchen, um sich auf konflikthaftes Erleben einlassen und Gefühle von Angst, Scham und Schuld in der therapeutischen Beziehung zulassen zu können. Wir werden sehen, dass eine ressourcenorientierte Gestaltung der therapeutischen Beziehung nicht nur unserem psychodynamischen Beziehungs- und Bedeutungsverständnis *wertvolle Impulse* verleihen, sondern auch eine Vertiefung des therapeutischen Prozessgeschehens fördern kann. Nicht nur können durch ressourcenaktivierende Interventionen kontraproduktive Abwehrmuster verzichtbar werden. Auch der Zugang zum Erleben negativer Emotionen kann erleichtert werden (▶ Kap. 4.2).

5. In der therapeutischen Arbeit mit strukturell gestörten Patienten und Störungen der Erinnerungsverarbeitung nach traumatischen Erfahrungen sprechen wir uns dafür aus, das *Inventar der therapeutischen Interventionen*, um bewährte ressourcenorientierte Vorgehensweisen und

---

10 Grawe K (2004)

Techniken mit Herkunft aus anderen therapeutischen Kontexten und Therapieverfahren zu erweitern (▶ Kap. 4.3 und ▶ Kap. 4.4).

6. Unter einem ressourcenorientierten Blickwinkel lässt sich ein neues Verständnis von *Blockaden des Therapieprozesses* konzipieren, das die Begrenzungen des klassischen Widerstandsbegriffs vermeidet, insbesondere die von ihm ausgehende Suggestion, die Quelle des Widerstandes sei vor allem bei den Patienten zu suchen (▶ Kap. 5.1). Ebenso werden die Erkenntnisse zur Bedeutung von Brüchen in der therapeutischen Beziehung und die Möglichkeiten ihrer Reparatur integriert (▶ Kap. 3.4).

7. Statt die Bedeutung *unbewusster Prozesse* für den Therapieprozess herabzumindern, akzentuiert die hier vertretene Auffassung von ressourcenorientierter Beziehungsgestaltung sie eher noch. Wir plädieren dafür, die uns prinzipiell begleitende Überzeugung, dass unser therapeutisches Denken und Handeln immer auch durch unbewusste Motive determiniert ist, nicht nur theoretisch nachzuvollziehen, sondern in die tägliche Behandlungspraxis einfließen zu lassen. Dass unbewusste Einflüsse bei der Gestaltung der therapeutischen Beziehung wirksam sind, wird niemand, der jemals in einem psychodynamischen Verfahren ausgebildet wurde, bestreiten – aber welche Möglichkeiten im Sinne von Ressourcen stehen uns zur Verfügung, um den Einfluss unerwünschter unbewusster Prozesse so gering wie möglich zu halten? Inwieweit ist es uns möglich, das theoretische Wissen um die Wirkmächtigkeit emotionaler Prozesse in die therapeutische Praxis zu integrieren? Wie weit kann es uns gelingen, auf der bewussten Oberfläche unseres Erlebens in Therapien Indikatoren für die Wirksamkeit unbewusster motivationaler Einflüsse zu identifizieren, die sich nachteilig auf den Therapieprozess auswirken könnten? Diesen Fragen nachzugehen, ist ein zentrales Anliegen unseres Ansatzes. Von daher sprechen wir uns für ein *radikalisiertes Verständnis unbewusster Prozesse* aus, wobei wir den Blick mehr noch, als es bisher üblich war, auch auf unbewusste Einflüsse auf unser therapeutisches Handeln richten wollen.

Abschließend zu diesen Überlegungen wollen wir anmerken, dass Aspekte von Ressourcenaktivierung im psychoanalytischen Denken immer schon angelegt waren. Sie wurden lediglich selten als solche expliziert und systematisiert. Historisch betrachtet, finden sich Vorläufer der Ressourcenorientierung im Denken von C.G. Jung[11], der das Unbewusste als aktive Quelle der Weisheit angesehen hatte. Betrachtet man die psychoanalytische Theorieentwicklung, fällt auf, wie das ursprünglich als störend empfundene Phänomen der Übertragung zu einer wichtigen, für die Therapie nutzbaren Ressource wurde. Ähnliches gilt für die Gegenübertragung, die eine regelrechte Wandlung vom »Aschenputtel« zur »Prinzessin« vollzogen hat.[12] Entscheidende Impulse für unser heutiges Verständnis von Ressourcenorientierung kamen von Milton Erickson, der selbst Psychoanalytiker war und, von der Hypnose ausgehend, als Begründer der Hypnotherapie das Unbewusste des Menschen »als unerschöpfliche Quelle der Selbstheilung« betrachtet und zahlreiche ressourcenaktivierende Methoden entwickelt hatte.

> **Übersicht 1: Merkmale ressourcenorientierter im Vergleich zu traditioneller psychodynamischer Arbeit**
>
> - stärkere Berücksichtigung
>   - von Stärken und Kompetenzen der Patienten
>   - der aktuellen Beziehungsbedürfnisse der Patienten
>   - einer emotional positiv getönten therapeutischen Beziehung
>   - von Befunden aus Neurowissenschaften, Entwicklungspsychologie und Psychotherapieforschung
> - bei unveränderter Würdigung
>   - der Bedeutung unbewusster Prozesse
>   - der Zentralität motivationaler Konflikte
>   - der Prozesse von Übertragung und Gegenübertragung

---

11 Jung CG (1954)
12 Thomä H & Kächele H (2006)

1.2 Über welche Ressourcen verfügen unsere Patienten und wir – und welche bedürfen der Aktivierung?

In einem umfassenden Verständnis kann der Ressourcenbegriff nicht nur für unsere Patienten, sondern ebenso für uns Therapeuten Geltung beanspruchen.

Mit Blick auf die *Patienten* können wir unter Ressourcen alles verstehen, was ihnen dazu verhilft, ihr Wohlbefinden zu verbessern und die von ihnen gewünschten und mit uns vereinbarten Therapieziele zu erreichen. Angelehnt an eine Definition von Nestmann[13] können wir sagen, dass letztlich alles, was von einer bestimmten Person in einer bestimmten Situation wertgeschätzt wird oder als hilfreich erlebt wird – und von uns nicht als selbstschädigend eingeschätzt wird – als eine Ressource betrachtet werden kann. Konstitutiv für die Definition einer Ressource ist nach dieser Definition nicht, worin sie besteht, sondern unter welchem Blickwinkel sie betrachtet werden sollte: unter dem Blickwinkel der Beziehungsdimension des Hilfreichen und Schätzenswerten.

Gleichwohl hat es sich eingebürgert, das Spektrum der in Betracht kommenden Ressourcen zu systematisieren. Bei der für uns wichtigsten unter den zahlreichen Versuchen einer Systematisierung werden üblicherweise interne und externe Ressourcen unterschieden:

- Als interne Ressourcen gelten Kompetenzen, Stärken, positive Erfahrungen, die Befriedigung zentraler Bedürfnisse, die Stabilität des Befindens und die Fähigkeit zur Bewältigung von Lebensproblemen.
- Externe Ressourcen sind nutzbare persönliche, familiäre, soziale, kulturelle, therapeutische und andere Unterstützungsquellen im Umfeld einer Person – darunter auch die Unterstützung durch eine psychotherapeutische Behandlung sowie die sie vermittelnden therapeutischen Beziehungen.

---

13 Nestmann F (1996)

In jedem Falle wird es darum gehen, festzustellen, welche Ressourcen *vorhanden* sind, welche *benötigt* werden und welche *aktivierbar* sind. Das gilt sowohl für interne wie auch für externe Ressourcen – und folglich auch für die therapeutische Beziehung und die mit einer Therapie verbundenen Interventionen, Methoden, Techniken oder auch Therapiesettings.

Übersicht 2: Ressourcen von Patienten

- Interne Ressourcen (vorhanden, fehlend, aktivierbar?)
  - Kompetenzen, Stärken
  - positive Beziehungserfahrungen
  - Befriedigung zentraler Bedürfnisse
  - Stabilität des Befindens
  - Fähigkeit zur Bewältigung von Lebensproblemen
- Externe Ressourcen (vorhanden, fehlend, bereitzustellen?)
  - nutzbare persönliche, familiäre, soziale und andere Unterstützungsquellen im Umfeld einer Person
  - therapeutische Kontakte
  - therapeutische Beziehung

Im Hinblick auf uns als *Therapeuten* können wir ebenfalls über Ressourcen nachdenken. So können wir unter Ressourcen alles verstehen, was uns hilft, in unserer therapeutischen Arbeit wirksam zu sein. Betrachten wir unsere internen Ressourcen, die uns helfen, die Therapie wirksam zu gestalten, so können wir unsere fachlichen Kompetenzen und unser erlerntes und durch Erfahrung gewonnenes therapeutisches Handlungswissen anführen, aber auch unsere selbst- und beziehungsregulatorischen Kompetenzen sowie unsere Fähigkeiten zu Reflexion und Mentalisierung. Dazu steht uns ein Inventar an Theorien, Modellen und Behandlungsstrategien zur Verfügung. Als externe Ressourcen benötigen wir Weiterbildungen und Supervisionen, hilfreiche Beziehungen zu Kollegen, Vorgesetzten oder auch Institutionen und immer auch die Unterstützung durch unser persönliches Umfeld.

Nicht unbedeutend ist es dabei, dass die *Orientierung an Grundbedürfnissen* bei Patienten und uns gleichermaßen Gültigkeit beanspruchen darf.

1.2 Verfügbare und aktivierungsbedürftige Ressourcen

Nicht nur die Patienten, auch wir sind in unseren Behandlungen auf eine hinreichende Befriedigung unserer Grundbedürfnisse angewiesen. Auch für uns spielt das Grundbedürfnis nach Orientierung und Kontrolle eine wichtige Rolle, wenn wir Therapien durchführen. Auch wir können es nur schwer ertragen, wenn wir von unseren Patienten im Unklaren über ihre Absichten gelassen oder willkürlich behandelt werden. Auch wenn wir nicht berechtigt sind, persönliche Bindungsbedürfnisse im Kontakt mit Patienten zu befriedigen, binden wir uns auf einer professionellen Ebene doch emotional an sie: Uns ist es nicht gleichgültig, wenn unsere Patienten ohne Erklärung der Therapie fernbleiben oder die Beziehung zu uns mutwillig zerstören. Auch unser Bedürfnis nach Selbstwertschutz dürfen wir berechtigterweise geltend machen, wenn Patienten versuchen, uns zu entwerten oder respektlos mit uns umgehen. Schließlich sollte uns eine psychotherapeutische Behandlung auch nicht über längere Zeit Unlust bereiten. Nicht nur wir, auch unsere Patienten werden von der Therapie stärker profitieren, wenn wir unserer Arbeit mit Freude nachgehen.

Es leuchtet unmittelbar ein, dass wir fachliche und persönliche, interne und externe Ressourcen brauchen, um die therapeutische Arbeit an motivationalen Konflikten, strukturellen Defiziten oder Defiziten der Repräsentanzenbildung erfolgreich durchführen zu können. Unsere Selbstregulation und Mentalisierungsfunktion sind wichtige Ressourcen für die Transformation der vielfach präsenten negativen Emotionalität, der wir in der therapeutischen Realität ausgesetzt sind. Schließlich benötigen wir auch die *kooperative Mitarbeit unserer Patienten*. So kann auch die Beziehung zu den behandelten Patienten, zumindest dann, wenn die Therapien hinreichend erfolgreich verlaufen, für uns wie eine Ressource wirken. Wer wird ernsthaft bestreiten, dass eine zufriedenstellende therapeutische Beziehung auch persönlich gewinnbringend sein kann?

Auch wir Therapeuten können uns daher fragen, über welche Ressourcen wir verfügen, welche wir benötigen werden und welche wie aktivierbar sind. Ob wir über die entsprechenden Ressourcen verfügen, kann von vielen Faktoren abhängig sein: von unserer professionellen Erfahrung, unserer fachlichen Ausbildung, aber auch von unserer aktuellen emotionalen Verfassung. Wir sind also gehalten, uns darüber Rechenschaft abzulegen, ob wir in genügendem Umfang über die Fähigkeit der Selbstregulierung verfügen und ob uns immer dann eine ausreichende

Mentalisierungsfunktion zur Verfügung steht, wenn wir mit der negativen Emotionalität unserer Patienten konfrontiert sind und ihre problematischen Verhaltensweisen hohe Anforderungen an unsere emotionale Regulationsfähigkeit stellen.

> **Übersicht 3: Ressourcen von Therapeuten**
>
> - Interne Ressourcen
>   - fachliche Kompetenzen
>   - erlerntes und durch Erfahrung gewonnenes therapeutisches Handlungswissen
>   - Theorien, Modelle und Konzepte
>   - selbst- und beziehungsregulatorische Kompetenzen
>   - Fähigkeit zu Reflexion und Mentalisierung
> - Externe Ressourcen
>   - Weiterbildungen
>   - Supervisionen
>   - hilfreiche Beziehungen zu Kollegen, Vorgesetzten oder auch Institutionen

1.3 Ressourcen für das Verfahren der psychodynamischen Psychotherapie – Theorien und Modelle als Ressourcen

Unter einem ressourcenorientierten Blickwinkel können wir auch die Frage stellen, auf welche Ressourcen die psychodynamische Therapie als Verfahren zurückgreifen kann und welche Ressourcen sie möglicherweise benötigt. Darunter verstehen wir alles, was der psychodynamischen Therapie hilft, in der Anwendung bei Patienten wirksam zu sein.

Welche Ressourcen können wir als *vorhanden* betrachten?

1.3 Psychodynamische Psychotherapie – Theorien und Modelle als Ressourcen

1. Als eine vorhandene und in ihren Möglichkeiten unschätzbare Ressource kann nach unserer Auffassung die *Gesamtheit des psychodynamischen Störungs- und Behandlungswissens* angesehen werden.
2. Im Zentrum dieses Wissen steht das bereits hervorgehobene psychodynamische Beziehungsverständnis, dem zu Folge alle in der Therapiesituation auftretenden Phänomene unter dem Blickwinkel der jeweiligen subjektiven Beziehungsrealität und unter Einbezug von Übertragung und Gegenübertragung zu reflektieren sind. Die Wechselwirkung der inneren Welt der Repräsentanzen mit der äußeren Beziehungsrealität kennzeichnet – ebenso wie die Bedeutung von Übertragung und Gegenübertragung – auch das ressourcenorientierte Therapieverständnis. Die Erforschung des Fantasielebens und die Auseinandersetzung mit der äußeren Realität gehen dabei Hand in Hand.
3. Wie schon erwähnt, betrachten wir auch das Wissen um die herausragende *Rolle unbewusster Prozesse* als eine äußerst wertvolle Ressource, die das psychodynamische Denken und Handeln weit mehr als andere Psychotherapieverfahren prägt.
4. Schließlich ist als eine wichtige Ressource auch der *empirische Wirkungsnachweis* der psychodynamischen Therapie zu nennen, namentlich der in mehreren Metaanalysen replizierte Befund, dass keine Unterschiede der Wirksamkeit zwischen psychodynamischer Therapie und anderen nachweislich wirksamen Psychotherapieverfahren erkennbar sind.[14] Neuere empirische Befunde deuten sogar darauf hin, dass die Effekte psychodynamischer Therapie nicht nur über einen längeren Zeitraum erhalten bleiben, sondern mit der Zeit noch ansteigen. So ließ sich in fünf unabhängigen Metaanalysen zeigen, dass die Effektstärken psychodynamischer Therapien im Zeitraum vom Therapieende bis zum Zeitpunkt der Katamnese-Untersuchung noch angestiegen waren.[15]

Wir können ebenso fragen, über welche Ressourcen eine zeitgemäße psychodynamische Therapie bisher *nicht ausreichend verfügt* und welcher sie noch *bedarf*. Dazu möchten wir die folgenden Überlegungen anführen:

---

14 Steinert C et al. (2016)
15 Leichsenring F & Steinert C (2024)

1. Da die von der Psychoanalyse abgeleitete psychodynamische Psychotherapie den Status einer Handlungswissenschaft hat, haben Theorien die wichtige Aufgabe, *Orientierung* in einem unübersichtlichen klinischen Feld zu schaffen und therapeutische *Handlungsanleitungen* zu generieren. Unter dem Blickwinkel ihres klinisch praktischen Nutzens können wir prüfen, wie weit uns für die jeweilige therapeutische Zielsetzung Theorien, Konzepte, Methoden und Behandlungsstrategien in ausreichendem Maße zur Verfügung stehen und ob sie uns tatsächlich in schwierigen klinischen Situationen Orientierung schaffen. Weiterhin, wie weit und unter welchen Bedingungen die vorhandenen Theorien, Konzepte und Methoden tatsächlich als Ressourcen im Dienst der therapeutischen Zielerreichung genutzt werden können. Das heißt auch, dass wir fragen können, welche von ihnen der Ergänzung oder der Modifikation bedürfen und welche möglicherweise auch verzichtbar sind.[16]
2. Für uns steht es außer Frage, dass *Theorien und Konzepte einem stetigen Wandel* unterliegen müssen – allein schon wegen des unablässigen Zuwachses an empirischen Forschungsdaten, die Teile der bisherigen Theorien und Konzepte stützen und andere infrage stellen. Ebenso wenig zweifeln wir daran, dass alle Theorien und Konzepte neueren Theorien oder Konzepten Platz machen müssen, wenn diese klinische Phänomene überzeugender erklären oder komplexe therapeutische Situationen einer für alle Seiten günstigeren Lösung zuführen können. Mit anderen Worten: Wir haben uns zu fragen, ob der bisherige Kanon an Theorien, Konzepte, Methoden und Behandlungsstrategien ausreicht oder ob weitere Interventionsstrategien benötigt werden, um allen klinischen Situationen gerecht zu werden.
3. Betrachten wir zunächst nur die uns zur Verfügung stehenden, genuin psychodynamischen Behandlungstheorien, so fällt auf, dass sie für einen Teil der klinischen Probleme *nach wie vor gültig* geblieben sind, während sie für andere klinische Fragestellungen nur begrenzt hilfreich sind. Wie wir in Kapitel 4 (▶ Kap. 4) sehen werden, decken die »klassischen« psychodynamischen Theoriebildungen und Interventionen die Erfordernisse bei den sogenannten »Konfliktpathologien« gut ab, während

---

16 Wöller W (2022), S. 47 ff

1.3 Psychodynamische Psychotherapie – Theorien und Modelle als Ressourcen

im Bereich der ich-strukturellen Störungen und der Traumafolgestörungen noch immer Lücken sowohl im Bereich der theoretischen Konzeptualisierung wie auch im Inventar der Behandlungsmöglichkeiten bestehen. Hier zeichnet sich ab, dass in der täglichen Behandlungspraxis bereits unterschiedliche Interventionen mit Herkunft aus anderen Psychotherapieverfahren und -schulen mit Gewinn »importiert« und insgesamt ohne größere Probleme im Rahmen psychodynamischer Therapien angewendet wurden – allerdings in der Regel ohne eine befriedigende Integration in die bisherigen behandlungstheoretischen Modelle.

4. Auch wenn die psychodynamische Psychotherapie sich auf ein umfangreiches Behandlungswissen stützt und auf den empirischen Nachweis ihrer Wirksamkeit verweisen kann, bedarf sie doch, um ihre Potenziale vollumfänglich zur Verfügung stellen zu können, der *Anerkennung in Politik, Wissenschaft und Gesellschaft*. Hier sehen wir erhebliche Defizite. Es lässt sich nicht leugnen, dass diese Anerkennung nicht in dem Maße gegeben ist, wie es vor dem Hintergrund des inzwischen gesicherten Wirkungsnachweises psychodynamischer Therapie angemessen wäre. Die Gründe dafür sind komplexer Art. Sicherlich trägt dazu bei, dass die psychodynamischen Verfahren universitär unterrepräsentiert sind – was wiederum mit dem langjährig ambivalenten Verhältnis ihrer Vertreter zur empirischen Beforschung ihrer eigenen Theorieannahmen und Behandlungsverläufe zu tun hat. Auch wenn es heute nicht mehr an Nachweisen der Wirksamkeit fehlt, sollte die Suche nach Gründen für die unzureichende Anerkennung in der Wissenschaftswelt nicht nachlassen.

5. Auf der Suche nach der unzureichenden Anerkennung psychodynamischer Therapie in der Welt der Wissenschaften muss auch die umfangreiche Theoriebildung der Psychoanalyse auf dem Prüfstand stehen. Das bedeutet: Neben dem zuerst eingenommenen verfahrensinternen Blinkwinkel auf Theorien – wieweit sie uns Orientierung und Handlungsanweisungen geben können – sind wir auch gehalten, einen verfahrensexternen Blickwinkel auf unsere Theoriebildungen einzunehmen und sie dahingehend zu überprüfen, ob sie den wissenschaftstheoretisch anerkannten *Kriterien einer guten Theoriebildung* entsprechen. Gemeinhin gilt als Kriterium einer guten Theorie,

dass sie nicht im Widerspruch zu empirisch abgesicherten Theorien stehen sollte, die sich auf den gleichen Gegenstandsbereich beziehen.
6. Nach unserer Auffassung stellt die *Kompatibilität psychoanalytischer Theoriebildungen mit Befunden der Nachbarwissenschaften* eine wertvolle Ressource dar. Wir erleben es als bereichernd, wenn psychoanalytische Theorien den Theorien unserer Nachbarwissenschaften auf Augenhöhe begegnen können und unsere theoretischen Überlegungen und praktischen Therapieerfahrungen auch von Vertretern der Nachbarwissenschaften mit Interesse und Neugier zur Kenntnis genommen werden. Wir sind davon überzeugt, dass die Psychoanalyse in eine interdisziplinäre Kooperation mit den etablierten Wissenschaften eintreten muss, um im 21. Jahrhundert als intellektuelle Kraft bestehen zu können.
7. Wenden wir das Kriterium der Kompatibilität mit den Befunden der neueren Entwicklungs- und Neurowissenschaften und den Erkenntnissen der empirischen Psychotherapieforschung auf die uns vorliegenden psychodynamischen Theorien an, so müssen wir feststellen, dass diese Kompatibilität nur teilweise gegeben ist. Auf der einen Seite haben die wichtigsten Grundlagen der Psychoanalyse eine bemerkenswerte Bestätigung durch die Neurowissenschaften erfahren. Das gilt vor allem für den Primat des emotionalen Erlebens und die Lehre von der Wirkmächtigkeit des Unbewussten. Auch haben sich wichtige Bestandteile des psychoanalytischen Theoriekanons – hier vor allem die psychoanalytische Abwehrlehre, das psychogenetische Entwicklungsprinzip und die Theorie zur Existenz regulativer Strukturen (»Ich-Funktionen«)[17] – empirisch bewährt. Richtet man den Blick jedoch auf die einzelnen, nach psychoanalytischen Theorieschulen differierenden Theorien und Theorieelemente, so müssen verschiedene theoretische Positionen der Psychoanalyse heute als zu spekulativ aufgegeben werden. Als wissenschaftliche Theorien sind sie nicht mehr haltbar; allenfalls können sie den Wert klinisch brauchbarer Metaphern beanspruchen.[18] Überhaupt wurde in den psychoanalytischen Theoriebildungen

---

17 Deneke FW (2013)
18 Namentlich sei hier die reichhaltige Theorieproduktion verschiedener Autoren der kleinianischen Tradition genannt, in der gesicherte Ergebnisse der biologischen Wissenschaften weithin ignoriert wurden (Wöller 2022), S. 94 ff.

kaum auf die Befundlage der Nachbarwissenschaften Bezug genommen, wobei die Mentalisierungstheorie[19] mit ihrem expliziten Bezug auf die Säuglingsforschung und die Bindungstheorie eine bemerkenswerte Ausnahme darstellt.[20]

8. Allem Anschein nach ist nicht die viel gescholtene Pluralität der Theoriebildungen, sondern ihr *Wildwuchs* das Problem. Verschiedene Vorschläge wurden gemacht, wie hier Abhilfe geschafft werden kann. Ein Hauptproblem scheint die unzureichende Unterscheidung zwischen Theorien und Metaphern zu sein. Metaphern und Bilder sind ein unverzichtbares Element lebendiger Psychotherapien, die das Verständnis komplexer, klinischer Phänomene erheblich bereichern können; doch haben sie eine andere Funktion im Rahmen der Erkenntnisgewinnung als Theorien, die sie nicht einfach ersetzen können.

9. Welche Faktoren auch immer zu der ungeordneten Theorienlandschaft der Psychoanalyse beigetragen haben mögen – unstrittig ist, dass der Umgang mit den Theorienbildungen der *Reputation* der Psychoanalyse im Kreis der Wissenschaften in beträchtlichem Umfang geschadet hat. Sieht man einmal von ihrer nach wie vor breiten Rezeption innerhalb der Kulturwissenschaften ab, kann die weithin feststellbare Marginalisierung der Psychoanalyse im Kontext der empirischen Wissenschaften nur mit Bedauern und Bitternis zur Kenntnis genommen werden. Wir plädieren daher nachdrücklich für eine Revision des Theorienbestandes unter der Perspektive ihrer Kompatibilität mit den Nachbarwissenschaften. Ein erster Versuch der Sichtung des psychoanalytischen Theorienwelt unter diesem Blickwinkel wurde kürzlich vorgelegt.[21]

---

19 Fonagy P et al. (2011)
20 Wöller W (2022), 54 ff.
21 Wöller W (2022), S. 54 ff.

2 Grundlagen ressourcenbasierter psychodynamischer Psychotherapie

2.1 Orientierung an Motivationen und Grundbedürfnissen

Für die psychoanalytische Theorie der Störungsentstehung sind unbewusste *motivationale Konflikte* von grundlegender Bedeutung. Diese Annahme hat ihre Gültigkeit auch behalten, nachdem die klassische psychoanalytische Trieblehre ihre universelle Erklärungskraft verloren hat.[22] Biologisch fundierte Motivationstheorien gehen – nicht grundsätzlich anders als die traditionelle psychoanalytische Triebtheorie – von einer in der Biologie des Menschen verankerten Motivierung unseres Handelns aus. Lediglich ersetzen sie den Triebdualismus Freuds durch eine zeitgemäße Differenzierung der motivationalen Systeme. Als die beiden wichtigsten biologisch fundierten Motivationstheorien wollen wir hier die Theorie der basalen emotionalen Systeme nach Panksepp[23] und die Motivationstheorie von Lichtenberg[24] anführen:

- Die Theorie der basalen emotionalen Systeme nach Panksepp unterscheidet 7 evolutionär angelegte Instinktsysteme, die überwiegend im Hirnstamm lokalisiert und allen Säugetieren gemeinsam sind: SEEKING, RAGE, FEAR, LUST, CARE, PANIC/GRIEF und PLAY, wobei das SEEKING-System bemerkenswerte Ähnlichkeiten, mit dem Libido-Konzept Freuds aufweist.

---

22 Wöller W (2022), S. 57 ff.
23 Panksepp J (1998)
24 Lichtenberg J et al. (2000)

2.1 Orientierung an Motivationen und Grundbedürfnissen

- Die Motivationstheorie von Lichtenberg nimmt 5 unabhängige, biologisch vorprogrammierte motivationale Systeme an, die von Geburt an angelegt sind und sich durch die gelebte Erfahrung ausformen: (1) das Bedürfnis nach psychischer Regulierung physiologischer Erfordernisse, (2) das Bedürfnis nach Bindung und Zugehörigkeit, (3) das Bedürfnis nach Selbstbehauptung und Exploration, (4) das Bedürfnis, aversiv zu reagieren durch Widerspruch oder Rückzug und (5) das Bedürfnis nach sinnlichem Genuss und sexueller Erregung.

In Verbindung mit der nach wie vor gültigen psychoanalytischen Abwehrlehre[25] eignen sich beide Systeme gut, um motivationale Konflikte zur Darstellung zu bringen.

Im Hinblick auf unser ressourcenorientiertes Verständnis der therapeutischen Beziehungsgestaltung hat sich die von Epstein[26] formulierte und später von Grawe[27] aufgegriffene *Systematik menschlicher Grundbedürfnisse* besonders bewährt:

- das Bedürfnis nach Orientierung und Kontrolle
- das Bindungsbedürfnis
- das Bedürfnis nach Selbstwertschutz und Selbstwerterhöhung
- das Bedürfnis nach Lustgewinn und Unlustvermeidung.

Mit Grawe[28] gehen wir davon aus, dass adaptive neuronale Netzwerke dann entstehen können, wenn die genannten Grundbedürfnisse in menschlichen Beziehungen in ausreichendem Maße befriedigt werden können. Ihre Berücksichtigung ist nach unserer Auffassung in jeder therapeutischen Situation unverzichtbar, um an motivationalen Konflikten, strukturellen Defiziten oder traumatischen Erinnerungen arbeiten zu können.

---

25 Freud A (1936/2012)
26 Epstein S (1990)
27 Grawe K (2004)
28 Grawe K (2004)

2.2 Zentrale Stellung der Emotionen und die besondere Bedeutung der positiven Emotionalität

Für eine vom Prinzip der Ressourcenorientierung geleitete Auffassung psychodynamischer Therapie stehen die Emotionen im Mittelpunkt jedes therapeutischen Geschehens. Die zentrale Bedeutung der Affekte wurde in traditionellen psychoanalytischen Theorien erst allmählich erkannt. Wir sehen dabei die folgenden Stadien der Theorieentwicklung zu den Affekten:

1. In der *ursprünglichen trieb- und ich-psychologischen Auffassung* wurden Affekte vorwiegend als Abkömmlinge der Triebe betrachtet; allenfalls kam der Angst die Rolle eines Signals zu, das einen verpönten Triebimpuls anzeigt und Abwehr in Gang setzt.[29] Später wurden weitere Affekte identifiziert, die ebenfalls Abwehr mobilisieren können, darunter vor allem das Erleben von Kränkung und Scham, aber auch Schuldgefühle oder Neid.
2. Im Rahmen der *Objektbeziehungstheorien* wurde der Aufbau der Welt der Repräsentanzen stets mit emotionalen Erfahrungen in Zusammenhang gebracht. Für Kernberg[30] sind Selbst- und Objektrepräsentanzen durch einen Affekt miteinander verbunden; auf der Basis von Selbst-Objekt-Affekt-Einheiten bildet sich die Struktur der Persönlichkeit heraus.
3. Aus *selbstpsychologischer Sicht* ergibt sich die Notwendigkeit, sich auf das emotionale Erleben der Patientin[31] einzustimmen und ihre subjektiven Zustände zu spiegeln. Eine geteilte emotionale Erfahrung der affektiven Zustände einer Patientin wird als zentral betrachtet.[32]

---

29 Freud S (1926)
30 Kernberg OF (1992/2010)
31 Wenn, unserer Vorgabe folgend, nach Kapiteln abwechselnd weibliche und männliche Formulierungen zu wählen, in dem hier vorliegenden zweiten Kapitel durchgängig die weibliche Form erscheint, sind gleichwohl alle Geschlechter gemeint.
32 Kohut H (1977/2021)

2.2 Zentrale Stellung der Emotionen und die Bedeutung positiver Emotionalität

4. Die von der *Säuglingsbeobachtung* beeinflussten Psychoanalytikerinnen haben deutlich gemacht, wie wir mit dem Tonfall unserer Stimme, dem Rhythmus unseres Sprechens und den begleitenden Gesten emotionale Qualitäten der Verbundenheit vermitteln können.[33]
5. Mit der *intersubjektiven Wende* der Psychoanalyse wurden die interpersonell kommunikativen Funktionen der Affekte hervorgehoben. Die Resonanz mit dem emotionalen Erleben der Patientin wurde zum entscheidenden transformierenden Element der Therapie. Immer mehr geht es darum, wie die im Austausch mit den Patientinnen entstehenden Emotionen so transformiert und verbalisiert werden können, dass sie von ihnen im Sinne einer hilfreichen Beziehungserfahrung verarbeitet werden können. Daher kann unsere eigene emotionale Erfahrung dazu beitragen, die »nicht formulierten« oder nur nonverbal vermittelten Emotionen der Patientinnen in bedeutsame Gefühle zu transformieren.[34] Schließlich wurde auch der Einfluss psychologischer Affekttheorien gewürdigt und durch eigene Forschungsbeiträge ergänzt. Eine vertiefte Auseinandersetzung mit moderneren Emotionstheorien führte zu einem fortschreitenden, aber noch immer lückenhaften Ausbau der psychoanalytischen Affekttheorie.

Die durch die neuere Theorieentwicklung übereinstimmend hervorgehobene Zentralstellung der Emotionen steht im Einklang mit den Befunden der modernen affektiven Neurowissenschaften. Die Forschung zu basalen emotionalen Systemen[35] legt nahe, Affekte als primäre Motivationssysteme zu betrachten. Aus heutiger Sicht besteht kein Zweifel mehr an der Existenz unbewusster Emotionen und an der Bedeutung unbewusster regulatorischer Prozesse, die das Denken und Handeln im Alltag bestimmen.[36] So können negative Affekte die Information übermitteln, dass ein Bedürfnis unbefriedigt ist, und Verhaltensweisen auslösen, die auf verschalteten Aktionsplänen basieren. Emotionen gelten als Systeme homöostatischer Regulation, um grundlegende Anforderungen des Lebens und das Über-

---

33 Lachmann F & Beebe B (2002), Stern DB (1998)
34 Levin FM (1980)
35 Panksepp J (1998)
36 LeDoux J (1998)

leben automatisch – ohne bewusste Reflexion oder Analyse – abzusichern. Gefühle sind die mentalen Repräsentationen emotionaler Prozesse.[37]

Nachdem wir die generelle Bedeutung der Emotionen für ein modernes Psychotherapieverständnis hervorgehoben haben, richten wir den Blick nun in spezifischer Weise auf die Rolle der positiven Emotionen.

Wir müssen feststellen, dass die Bedeutung positiver Emotionen für Wohlbefinden und Gesundheit[38] im traditionellen psychodynamischen Therapieverständnis eher vernachlässigt wurde. Auf die im herkömmlichen psychoanalytischen Denken bevorzugte Beschäftigung mit negativen Emotionen wurde häufiger hingewiesen.[39] Positive Emotionen wurden eher unter dem Blickwinkel der Abwehrtheorie als das Ergebnis einer erfolgreichen Abwehr unbewusster Konflikte betrachtet. Gleichwohl finden sich in der neueren Theorieentwicklung auch Hinweise auf positive Emotionen. So hat Winnicott[40] auf die große Bedeutung des freudvollen Spielens für die menschliche Entwicklung hingewiesen. Kohut[41] beschrieb den »Glanz im Auge der Mutter«, der unverzichtbar für die Entwicklung der Selbstkohärenz und des Selbstwertgefühls des heranwachsenden Kindes ist. Sandler[42] betonte die Rolle eines Grundgefühls von Sicherheit und Wohlbefinden als Voraussetzung für eine erfolgreiche psychoanalytische Behandlung. Stern[43] beschrieb in seinem Konzept der »Begegnungsmomente« intensive, spontan auftretende positive Emotionen in der therapeutischen Beziehung. Schließlich rückte in der intersubjektiven Theorie die mit positiver Emotionalität einhergehende Anerkennung des anderen ins Zentrum der Aufmerksamkeit.[44] Auch wenn die positiven Emotionen im Kontext psychodynamischer Praxis zunehmend in ihrer Bedeutung wahrgenommen werden, haben sie dennoch nie den theoretischen Status

---

37 Damasio AR (2000)
38 Fredrickson BL (1998)
39 Heisterkamp G (1999)
40 Winnicott DW (1971/2018)
41 Kohut H (1971/2021)
42 Sandler J (1960)
43 Stern DN et al. (2002)
44 Benjamin J (2006)

2.2 Zentrale Stellung der Emotionen und die Bedeutung positiver Emotionalität

erhalten, der ihnen aufgrund der nun darzustellenden überzeugenden Befunde zukommen müsste.

Die folgenden Aspekte erscheinen uns im Hinblick auf die Bedeutung positiver Emotionen erwähnenswert:

1. Positive Emotionen sind eng mit psychischem Wohlbefinden und Gesundheit verbunden.[45] Die von Fredrickson und Joiner[46] beschriebene »Aufwärtsspirale« positiver Emotionen besagt, dass positive Emotionen die Empfänglichkeit einer Person gegenüber angenehmen Ereignissen und Erfahrungen erhöhen. Durch sie steigt die Wahrscheinlichkeit, dass eine Person nachfolgenden Erfahrungen eine positive Bedeutung erteilt, was wiederum neue positive Emotionen entstehen lässt. In der »Broaden and build«-Theorie[47] wurde die Erkenntnis formuliert, dass positive Emotionen Perspektiven erweitern und flexiblere Bewältigungsformen und Kompetenzen fördern können. Positive Emotionen sind in der Lage, die physiologischen Auswirkungen negativer Emotionen zu kompensieren und gleichsam als »Antidot« gegen negative Emotionen zu fungieren. Positive Emotionen bilden die Basis für Resilienz, sie erleichtern den Aufbau effektiver Bewältigungsstrategien und spielen eine zentrale Rolle bei der Herstellung einer kooperativen Beziehung.
2. Der Kontakt mit positiven Emotionen fördert die Bildung *positiver Erwartungen*; diese bilden die Voraussetzung für *Lernvorgänge* in der Therapie. Hinzu kommt, dass *neuronales Wachstum* auf eine sichere und positiv getönte Umgebung angewiesen ist.[48] Nicht zuletzt aus diesem Grunde entfaltet eine ressourcenbasierte Psychotherapie ihre Wirkung immer auch über die Mobilisierung einer positiven Emotionalität. Unter einem neurobiologischen Blickwinkel wird eine Person durch die Förderung positiver Emotionen in einen *Annäherungsmodus* versetzt. Die Annäherung an positiv besetzte Ziele aktiviert des Belohnungssystems; sie ist begleitet von Leitaffekten der Freude und des Stolzes – im

---

45 Fredrickson BL (1998)
46 Fredrickson BL & Joiner T (2002)
47 Fredrickson BL (1998)
48 Cozolino L (2017)

Unterschied zu dem der Bedrohungsabwehr dienenden Vermeidungsmodus, dem der Leitaffekt der Angst zugeordnet ist.[49]
3. Durch die Erkenntnisse der Säuglings- und Kleinkindforschung wissen wir um die wichtige regulatorische Bedeutung positiver Emotionen. Positive Emotionen sind vom Beginn des Lebens an entscheidend an der interaktiven Ko-Regulation zwischen der Bezugsperson und dem Säugling beteiligt und für die Entwicklung von Bindungssicherheit und Urvertrauen unverzichtbar. Besondere Bedeutung hat dabei die wechselseitige Evokation von Freudereaktionen, ebenso die Herstellung »gemeinsam geteilter positiver emotionaler Zustände«[50]. Positive Emotionen wie Lust, Wohlbefinden und Interesse sind gute Marker eines »affektiven Attunements«[51] und einer ausreichenden emotionalen Verfügbarkeit der Bezugsperson.[52] Synchronisierungsvorgänge im Sinne dyadischer Abstimmungsprozesse der frühen Mutter-Kind-Beziehung sind wichtige Regulationsmuster der frühen Mutter-Kind-Interaktion. Sie haben das Ziel, die durch negative emotionale Zustände geprägten Brüche in der frühen Bindungsbeziehung in »gemeinsam geteilte positive Affektzustände« zu überführen.[53]
4. In Psychotherapien kommt die Rolle der positiven Emotionalität für einen erfolgreichen Therapieverlauf darin zum Ausdruck, dass eine positive emotionale Gestimmtheit die *Motivation* zu weiterer Problemlösung erhöht. Positive Fantasiebildungen können genutzt werden, um Visionen erfolgreicher Problembewältigung zu erzeugen.
5. Auch unter einer Ressourcenperspektive bleibt es unsere Aufgabe, darauf zu achten, dass positive Emotionen – wie viele andere klinische Phänomene – in den Dienst des *Widerstandes* treten und sich einer abwehranalytischen Aufdeckung unbewusster Konflikte entgegenstellen können. Und auch bei einer ressourcenorientierten Behandlungsführung werden wir unseren Patientinnen die Möglichkeiten eröffnen, negative Emotionen und Beziehungserfahrungen in den Therapiepro-

---

49 Grawe K (2004)
50 Beebe B & Lachmann LM (1996)
51 Stern DN (1992/2020)
52 Emde RN (1988)
53 Lachmann LM & Beebe B (1996)

zess einzubringen. Doch sehen wir die bei ausgiebiger Hinwendung zu negativen Erlebensmodi stets drohende Gefahr, dass die Patientinnen in eine »Problemtrance« eintauchen, die sie hindert, die Lösungsvisionen zu erzeugen.

2.3 Die Bedeutung regulatorischer Vorgänge in Beziehungen

Die Befunde der Säuglingsforschung haben wesentlich zum Verständnis der frühen Regulationsvorgänge beigetragen. Nicht wenige psychoanalytische Annahmen mussten im Lichte der Säuglings- und Kleinkindforschung revidiert werden, darunter die Hypothese eines primären Narzissmus des Neugeborenen[54] und die Annahme früher autistischer und symbiotischer Phasen[55]. Säuglinge und Kleinkinder stellen aktiv komplexe Interaktionen mit ihren frühen Bezugspersonen her.[56] Einige Erkenntnisse zur frühen Beziehungsregulation, die wir der Säuglings- und Kleinkindforschung verdanken, seien im Folgenden zusammengefasst:

1. Vorrangige Aufgabe der frühen dyadischen Austauschprozesse ist die emotionale Ko-Regulation, bei der stärkere Emotionen auf ein stabileres Niveau herabreguliert werden. Die frühen Abstimmungsprozesse weisen eine *rhythmische Struktur* auf. Wir finden prosodische und rhythmische Dimensionen der Vokalisierung mit den ihnen korrespondierenden subjektiven Zuständen. Crescendi und Decrescendi der mütterlichen Affektzustände befinden sich in Resonanz mit ähnlichen Crescendi und Decrescendi der kindlichen positiven und negativen Arousalzustände.[57] Als »Protokonversation« werden das Wechselspiel

---

54 Freud S (1914)
55 Mahler MS et al. (1980)
56 Dornes M (1993/2015)
57 Beebe B & Lachmann LM (1998)

und die Koordination von Gesichtsmimik und Körperbewegungen verstanden.
2. *Resonanz* umfasst die Aussendung und den Empfang emotionaler und körperlicher Signale durch beide an einer Interaktion beteiligten Partner. In einer »Proto-Kommunikation« wird eine Landkarte der Beziehungen zu anderen Menschen erstellt.
3. Das von Tronick et al.[58] entwickelte Modell wechselseitiger intersubjektiver Regulation beschreibt eine Form der Selbstorganisation. Als emergente Eigenschaft besitzt sie die Fähigkeit, *einzigartige dyadische Organisationszustände* zu schaffen, die komplexer und kohärenter sind als ein Zustand eines einzelnen Partners der Dyade. Sie ermöglicht eine wechselseitige Kartographie der Zustände jedes Partners im Gehirn des anderen. Dabei erweitert sich der Bewusstseinszustand jedes Partners. Es entsteht ein Erleben von Verbundenheit und Erfüllung sowie ein bereicherndes Gefühl der Verbundenheit, wenn wir etwas Wichtiges aus der Welt unserer Patientinnen verstanden haben und sie sich verstanden fühlen.
4. Mit dem Begriff des *impliziten Beziehungswissens* wird der Sachverhalt beschrieben, dass der größte Teil unserer Beziehungserfahrungen in einem impliziten Format gespeichert ist.[59] Eine implizite Speicherung regelbasierter Repräsentationen, wie mit anderen Menschen umgegangen werden sollte, erfolgt im prozeduralen Langzeitgedächtnis, lange bevor durch die Ausreifung des Hippocampus das autobiografische Gedächtnis funktionsfähig wird. Sie unterstützt die Organisation eines Verhaltensrepertoires über Erfahrungen, Erwartungen und Antizipationen dessen, was in den Interaktionen mit seinen wichtigsten Bezugspersonen möglich und zu erwarten ist, speziell auch herausragende Ausnahmen von den erwarteten Interaktionen mit den wichtigsten Bezugspersonen.
5. Die wechselseitige Moment-zu-Moment-Regulation in den Austauschprozessen der frühen Dyade vollzieht sich auf *drei Ebenen der Regulation*.[60]

---

58 Tronick EZ et al. (1998)
59 Lyons-Ruth K und die Boston Change Process Study Group (2001)
60 Beebe B & Lachmann LM (1998)

2.3 Die Bedeutung regulatorischer Vorgänge in Beziehungen

- *Anhaltende Regulation*: Die Bezugsperson bemüht sich um eine anhaltend positive Emotionalität des Kindes, verstärkt positive Affekte wie Freude, Interesse, Begeisterung und verringert negative Affekte wie Angst, Schrecken, Traurigkeit und Scham.
- *Ruptur und Reparatur*: Es kommt zu sich wiederholenden »Reparaturen« der Beziehung, wobei das Kind und die Bezugsperson lernen, dass die negative Erfahrung von Nichtpassung in ein positives Gefühl der Passung transformiert werden kann.
- *Momente gesteigerter Affektivität*: Momente außergewöhnlich intensiver Emotionalität strukturieren in besonderer Weise das implizite Beziehungswissen.

Die Beobachtungen und Befunde haben wesentliche Implikationen für ein zeitgemäßes Verständnis psychotherapeutischer Prozesse. Wir können von bedeutsamen Parallelen zwischen den frühesten dyadischen Prozessen wechselseitiger Einstimmung und den regulatorischen Prozessen in psychotherapeutischen Beziehungen ausgehen.[61] Grundlegende Regulationsmuster, die uns aus frühen Bindungsbeziehungen bekannt sind, sind auch für das Gelingen von Psychotherapien von größter Relevanz. Das bedeutet im Einzelnen:

1. Der *Austausch zwischen beiden Partnern der Kommunikation* ist vor allem emotionaler Natur, gelenkt durch das prozedurale Wissen beider. Implizites Beziehungswissen muss nicht verbalisiert werden, um sich verändern zu können.
2. Allen drei Modi der frühen dyadischen Regulation entsprechen bedeutsame *Regulationsvorgänge in der Therapiebeziehung*.
   - *Anhaltende Regulationen* drücken sich in unseren fortgesetzten Bemühungen aus, die wechselnden Affektlagen unserer Patienten durch eine freundliche Grundhaltung auszugleichen.
   - *Reparaturvorgänge* spielen auch in Psychotherapien eine wichtige Rolle. Wir werden auf sie im Zusammenhang mit Reparaturen von Brüchen der therapeutischen Allianz ausführlich eingehen (▶ Kap. 3.4).

---

61 Trautmann-Voigt S & Voigt B (1998)

- Auch die *Momente außergewöhnlich gesteigerter positiver Emotionalität* haben in Psychotherapien eine nicht zu unterschätzende Bedeutung. Auf sie gehen wir in ▶ Kap. 3.2 ein.
3. Besonders hinweisen wollen wir auf die Rolle *biologischer Synchronien* für die Entwicklung gelingender zwischenmenschlicher Beziehungen. Eine biologische Synchronie kann als Ausdruck einer guten therapeutischen Allianz verstanden werden. Sie ist nachweisbar durch die Synchronie von Herzrate und Hautleitwiderstand, durch vokale Synchronie und durch die Synchronie der Bewegungsmuster. Therapiestunden mit höheren Werten nonverbaler Synchronie waren mit einer effektiveren Symptomreduktion verbunden.[62]
4. In Psychotherapien jeder Art kommt es darauf an, *Veränderungen der inneren Zustände der Patientinnen* wahrzunehmen, um ihre rhythmische Struktur zu erfassen und das eigene Verhalten an sie anzupassen. Einsicht und Beziehungserfahrung sind dabei nicht Gegensätze, sondern ergänzen einander. Trotz der großen Bedeutung der emotionalen Beziehung sind therapeutische Techniken, die die kognitive Ebene ansprechen, keineswegs verzichtbar. Möglicherweise haben traditionelle Behandlungstheorien die Effekte von Interventionen, die die bewusste Ebene ansprechen, überschätzt und die Auswirkungen der mit ihnen gleichzeitig vermittelten emotionalen Botschaften unterschätzt. Ein erfolgreicher psychotherapeutischer Verlauf verlangt jedoch das Zusammenwirken kognitiver und emotionaler Prozesse.

2.4 Neurobiologische Orientierung

Ein zeitgemäßes Verständnis psychotherapeutischer Prozesse geht davon aus, dass jede erfolgreiche Psychotherapie *Veränderungen in neuronalen Strukturen* bewirkt. Sie verändert – wie jede tiefgreifende Erfahrung und jeder Lernvorgang – die Gen-Expression und damit die Quantität und

---

62 Ramseyer F & Tschacher W (2011)

Stärke synaptischer Verbindungen zwischen den Neuronen. Entscheidend für die Genexpression sind – im Guten wie im Schlechten – die Erfahrungen in Beziehungen. Wie negative Kindheitserfahrungen ungünstige Veränderungen im Bereich der Schaltkreise des Gehirns schaffen, können gute Erfahrungen für eine Beeinflussung im Sinne einer verbesserten Regulation und Informationsverarbeitung sorgen. Gute Erfahrungen können zwar auch in anderen wichtigen Beziehungen gemacht werden, doch kann Psychotherapie dafür hervorragende Bedingungen herstellen.[63]

Lernen und Gedächtnis sind für die Schaffung neuer synaptischer Verbindungen unverzichtbar. Lernprozesse können explizit oder implizit, d. h. mit oder ohne bewusste symbolische Repräsentation, verlaufen. Erfahrungen müssen nicht symbolisch repräsentiert sein, um eine veränderte Gen-Expression in Gang zu setzen. Bewusst repräsentierte, erinnerbare positive Erinnerungen an Kompetenz- und Bewältigungserfahrungen schaffen jedoch besonders gute Voraussetzungen für Lernprozesse. Um neue synaptische Pfade zu erschließen, kann es hilfreich sein, auf präsymbolischem Niveau repräsentierten Erfahrungen und implizit abgespeicherten Prozeduren eine symbolische Repräsentation zu verschaffen.

Die *Präsenz eines regulierenden Anderen* hat für das neuronale Wachstum eine herausragende Bedeutung. Durch die empathisch-reflektierende Präsenz eines regulierenden Anderen können sich Repräsentanzen für positive und negative emotionale Zustände ausbilden. Mit ihnen entstehen neuronale Strukturen zur Regulation der emotionalen Zustände. Emotionale Sicherheit ist erforderlich, um das neuronale Wachstum und die synaptische Kommunikation im Hippocampus zu verbessern. Nur bei einer hinreichend regulierten Amygdala kann eine wirkungsvolle synaptische Kommunikation entstehen.[64] Empathie und Wärme einer verständnisvollen Bezugsperson können das parasympathisch vermittelte soziale Engagement-System aktivieren, mit dessen Hilfe das Erregungsniveau wieder in den Bereich des Toleranzfensters gelangen kann.

---

63 Edelman G & Tononi G (2000)
64 Allison KL & Rossouw PJ (2013)

Wir plädieren für einen *Paradigmen-Wechsel zu einem umfassenderen Verständnis psychotherapeutischer Prozesse* unter Einschluss impliziter (unbewusster) affektiv-relationaler Prozesse.[65]

2.5 Befunde der Psychotherapieforschung zur Wirksamkeit von Psychotherapien

Während traditionelle psychodynamische Therapiekonzeptionen die umfangreichen Befunde der empirischen Psychotherapieforschung zu Wirkfaktoren von Psychotherapie nur in geringem Maße zur Kenntnis genommen haben, sind diese für die von uns favorisierte ressourcenbasierte Therapieauffassung von größter Bedeutung. Lediglich können wir feststellen, dass die immer unüberschaubar werdende Fülle der Forschungsergebnisse es den praktisch tätigen Psychotherapeutinnen tatsächlich schwermacht, sich einen Überblick zu verschaffen und das für sie Wichtige zu extrahieren.

Welche Faktoren tragen vor allem zum Erfolg von Psychotherapien bei? Betrachten wir die entscheidenden Einflüsse auf die Varianz des Therapieerfolgs, so erweisen sich vor allem drei Faktoren als prädiktiv für den Behandlungserfolg: (1) die Qualität der therapeutischen Beziehung, (2) die Art der Erwartungen an die Therapie und (3) Verhaltens- und Persönlichkeitsmerkmale von Therapeutinnen. Alter, Geschlecht, professionelle Erfahrung und selbst der Umfang der Psychotherapie-Ausbildung spielen demgegenüber eine nachgeordnete Rolle. Ebenso scheint es nahezu unerheblich zu sein, mit welchem Therapieverfahren die Behandlung durchgeführt wird – sofern ein Verfahren angewendet wird, dessen Wirksamkeit in einer genügend hohen Anzahl von Therapiestudien nachgewiesen werden konnte.

---

65 Schore AN (2014)

Inzwischen liegt uns eine nicht geringe Zahl qualitativer Untersuchung mit Befragungen von Patientinnen vor, die Auskunft geben, welche Verhaltensweisen und *Eigenschaften von Psychotherapeutinnen* aus der Sicht von Psychotherapie-Patientinnen zu einer guten therapeutischen Beziehung beitragen. Von besonderer Bedeutung scheint dabei zu sein,

- ob Therapeutinnen tatsächlich das zur Kenntnis nehmen, was die Patientinnen zum bisherigen Therapieverlauf gesagt haben und wie sie auf die Interventionen der Therapeutinnen reagiert haben,
- ob bei den Therapeutinnen ein authentisches Interesse spürbar ist, welches Beziehungsbedürfnis bei der jeweiligen Patientin aktuell im Vordergrund steht, und
- ob eine Therapeutin bereit und in der Lage ist, das Vorgehen zu ändern, wenn die klinische Situation es erfordert oder wenn sich das bisherige Vorgehen als eine Sackgasse erwiesen hat.[66]

Diese Befunde dürfen aus dem Blickwinkel einer ressourcenorientierten Behandlungsführung nicht ignoriert werden; gerade ihnen hat sie ihre besondere Aufmerksamkeit zuzuwenden.

2.6 Bewährte Theoriebildungen mit zeitgemäßen Modifikationen und Ergänzungen unter der Perspektive der Ressourcenorientierung

Auf der Basis einer umfassenden kritischen Analyse des bisherigen psychoanalytischen Theoriebestandes und unter Berücksichtigung der neueren entwicklungspsychologischen und neurobiologischen Forschung

---

66 Ackerman SJ & Hilsenroth MJ (2003)

können wir für unsere ressourcenorientierten Auffassung von psychodynamischer Psychotherapie die folgenden Schlussfolgerungen ziehen:

1. Die Existenz *motivationaler Konfliktkonstellationen* ist zweifelsfrei belegt. Vielfältige motivationale Wünsche, Bedürfnisse und Impulse – nach Bindung, Sexualität, Selbstbehauptung und Exploration[67], aversiver Abgrenzung, Kontrolle, Selbstwertregulierung[68] und das Bedürfnis nach der Ausbildung einer stabilen Identität[69] – können miteinander in Gegensatz geraten und intrapsychische oder interpersonelle Konflikte auslösen. Nach wie vor gilt, dass sie zur Quelle krankheitswertiger Störungen werden können, besonders dann, wenn eine Seite des Konfliktes dem Bewusstsein nicht zugänglich ist.
2. Das traditionelle *Paradigma des unbewussten Konflikts* und die damit in Verbindung stehende psychoanalytische Abwehrlehre haben prinzipiell ihre Gültigkeit behalten. Revisionsbedürftig ist lediglich ihre Herleitung aus der heute nicht mehr haltbaren dualistischen Triebtheorie Freuds. Wir betrachten das Paradigma des unbewussten Konflikts klinisch weiterhin als anwendbar, wenn wir uns von den überholten dualistisch-triebtheoretischen Theorieelementen lösen und uns – im Sinne einer »zeitgemäßen Metapsychologie« von den modernen Motivationstheorien – zum Beispiel von den Theorien von Panksepp[70] oder Lichtenberg[71] leiten lassen. Ungeachtet der unschätzbaren und aus der Sicht moderner Neurobiologie hoch aktuellen Beiträge Freuds bedürfen zahlreiche Details seiner Theorieannahmen nach mehr als einem Jahrhundert intensiver Forschung einer dem aktuellen Kenntnisstand angepassten Revision.
3. Wenn wir davon ausgehen, dass *unbewusste motivationale Konflikte* die *Mobilisierung von Ressourcen* blockieren, schaffen wir durch die Bewusstmachung unbewusster Konflikte die Voraussetzung für eine

---

67 Erikson EH (1966/1973)
68 Kohut H (1971/2021)
69 Bohleber W (2012), Erikson EH (1966/1973),
70 Panksepp J (1998)
71 Lichtenberg J et al. (2000)

2.6 Bewährte Theorien mit zeitgemäßen Modifikationen und Ergänzungen

Konfliktlösung auf bewusster Ebene. Auf diese Weise können die in den Patientinnen angelegten Fähigkeiten und Bewältigungsressourcen freigesetzt und zur Problemlösung verwendet werden. In aller Regel verfügen höher strukturierte Patientinnen über eine bessere Ressourcenausstattung im Sinne von Kompetenzen, um lösbare Konflikte einer Lösung zuzuführen oder bei nicht lösbaren Konflikten die Konfliktspannung zu ertragen. Lediglich wenn die Verfügbarkeit über diese Ressourcen eingeschränkt ist, bedarf es weiterer strukturbezogener und ressourcenaktivierender Interventionen.
4. Auch – und gerade! – wenn wir eine ressourcenorientierte Perspektive einnehmen, wäre es gänzlich verfehlt, die *bewährte Konzeptualisierung unbewusster motivationaler Konflikte* zugunsten einer einseitigen Mobilisierung positiver Emotionen aufgeben zu wollen. Patientinnen, die einen ausreichenden Zugang zu positiven Emotionen herstellen können, namentlich solche, die eine stabile Abwehrstatur besitzen, könnten durch ein Übermaß supportiver Interventionen sogar bei der Suche nach einem Zugang zu abgewehrten Konflikten behindert werden. Zum besseren Verständnis der zugrunde liegenden Konfliktdynamik eignet sich die Systematisierung der Operationalen Psychoanalytischen Diagnostik (OPD-3).[72]
5. Die auf der Basis der psychoanalytischen Ich-Psychologie[73] entwickelte *Konzeption defizitärer Ich-Funktionen* hat weiterhin eine große praktische Bedeutung für das strukturbezogene psychotherapeutische Arbeiten. Eine ressourcenorientierte Perspektive kann diese Perspektive insofern ergänzen, als aktuell nicht verfügbare Ich-Funktionen mit geeigneten ressourcenaktivierenden Methoden verfügbar gemacht werden können (▶ Kap. 4.3.4). In diagnostischer und therapiepraktischer Hinsicht empfiehlt es sich daher, die Verfügbarkeit von Ich-Funktionen nicht nur aus dem Querschnittsbild der aktuell erkennbaren Einschränkungen abzuleiten, sondern stets die gesamte Lebensspanne in den Blick zu nehmen. Nicht selten stellen sich die Einschränkung bestimmter Ich-Funktionen nur unter den aktuellen Bedingungen und Beziehungskonstellationen dar, während die Ich-

---
72 Arbeitskreis OPD 2023
73 Hartmann H (1939/1975)

2 Grundlagen ressourcenbasierter psychodynamischer Psychotherapie

Funktionen den betroffenen Patientinnen in anderen Lebensphasen und unter anderem Lebensbedingungen sehr wohl zur Verfügung gestanden hatten.

6. Die von Vertretern der Objektbeziehungspsychologie vorgeschlagene Betrachtung von *Selbst- und Objektrepräsentanzen* hat ihre hohe Relevanz für das Verständnis von Verinnerlichungsprozessen und die Ausbildung innerer Normensysteme (der »Über-Ich-Struktur«) auch unter einer ressourcenorientierten Perspektive behalten. In therapeutischer Hinsicht schauen wir jedoch nicht nur auf die sich unmittelbar präsentierenden, in der Regel negativen Selbst- und Objektrepräsentanzen, sondern richten den Blick immer auch auf die positiven Anteile der Selbst- und Beziehungsrepräsentanzen, die so gut wie immer auch vorhanden sind. Diese beziehen sich auf die – wenn auch nur vereinzelten oder schwach erinnerten – Erfahrungen, die die Patientinnen mit sich selbst und anderen Menschen gemacht haben. Die Fokussierung auch dieser Aspekte gilt ungeachtet der Notwendigkeit, wo nötig, auch negative Beziehungserfahrungen durchzuarbeiten.

7. Positive Selbst- und Objektbilder können sich aus *Erinnerungen an positive menschliche Begegnungen oder eigene Kompetenzerfahrungen* gebildet haben, die selbst bei schwer gestörten Patientinnen immer auch auffindbar und aktivierbar sind. Selbst unter schwierigsten Bedingungen der Kindheit finden sich immer auch Erfahrungen gelingender Bewältigung und – wenn auch kleine – Inseln der Erinnerung an positive menschliche Begegnungen. Diese können gleichsam unter das Vergrößerungsglas der Ressourcenaktivierung gelegt und vergrößert wahrgenommen werden. Selbstverständlich darf dabei nicht der Eindruck erweckt werden, die umfassenden negativen Erfahrungen sollten bagatellisiert werden. Jedoch verstehen die Patientinnen die Bedeutung der positiven Erfahrungsmomente, wenn sie sich vor Augen führen, dass sie niemals den Stand der bisherigen Lebensbewältigung erreicht hätten, wenn sie nicht auch aus diesen Beziehungserfahrungen Kraft geschöpft hätten.

8. Unter einem ressourcenorientierten Blickwinkel denken wir immer auch daran, dass die Welt der Selbst- und Objektrepräsentanzen auch *gewünschte und in der Fantasie positiv ausgestaltete Selbst- und Objektbilder* enthalten kann. Oft sind den Patientinnen diese Anteile ihrer Reprä-

2.6 Bewährte Theorien mit zeitgemäßen Modifikationen und Ergänzungen

sentanzen schwer zugänglich. Uns fällt dann die Aufgabe zu, ihnen einen »Möglichkeitsraum«[74] zur Verfügung zu stellen und ihnen den Zugang zu der Welt des Möglichen und Gewünschten zu verschaffen. Dazu regen wir die Patientinnen an, in der Zukunftsprojektion Bilder von sich selbst zu entwerfen, die repräsentieren, wie sie einmal sein möchten. Ihre Aktivierung lohnt sich, um mithilfe der so evozierten positiven Emotionen einen therapeutischen Prozess in Richtung positiver Zielvisionen in Gang zu setzen.

9. Die *selbstpsychologische Perspektive* hat durch die Befunde der Säuglingsforschung eine neue Aktualität gewonnen. Sie bestätigt in eindrucksvoller Weise die Befunde der Psychotherapieforschung zur Gestaltung der therapeutischen Beziehung.[75] Wie lebenswichtig es ist, in seiner Subjektivität wahrgenommen, gespiegelt und anerkannt zu werden, hat die selbstpsychologische Perspektive eindrucksvoll gezeigt. Je ausgeprägter die strukturellen Einschränkungen und die Minderung des Selbstwertgefühls einer Patientin sind, umso wichtiger wird die wertschätzende Spiegelung ihrer emotionalen Befindlichkeit. Wenngleich einzelne Aspekte der Theorienbildung Kohuts[76] – so zum Beispiel die weithin fehlende Einordnung in eine konflikt-, struktur- und repräsentanzenorientierte Systematik – revisionsbedürftig erscheinen, stellt die selbstpsychologische Perspektive doch einen bemerkenswerten Gewinn für ein zeitgemäßes Intervenieren dar.

10. Bei den meisten *kleinianischen und postkleinianischen Beiträgen* stehen wir vor dem Problem, dass die ihnen zugrundeliegenden Theoriebildungen wegen ihrer meist fehlenden Vereinbarkeit mit den Befunden der Nachbarwissenschaften der Psychoanalyse revisionsbedürftig sind, während die in ihnen enthaltenen klinischen Beobachtungen behandlungspraktisch wertvoll sind. Wir denken, dass viele Beiträge ihren Wert nicht verlieren würden, wenn sie von der Altlast ihrer nicht mehr haltbaren Theorieelemente »befreit« würden. Besonders die Arbeiten von W. Bion[77] sind von großer praktischer Relevanz – unge-

---

74 Winnicott DW (1971/2018)
75 Wöller W (2016a)
76 Kohut H (1977/2021)
77 Bion WR (1962/1990)

achtet seiner eigenwilligen Theoriesprache, die im außerpsychoanalytischen Kontext nur schwer vermittelbar ist. Ein gutes Beispiel ist das Konzept der *projektiven Identifizierung*, das nach wie vor von herausragender klinischer Bedeutung ist (▶ Kap. 5.5). Speziell bei Patientinnen mit Ich-strukturellen Störungen und schweren Persönlichkeitsstörungen kann die Bezugnahme auf diese Konzeption sehr zum Verständnis schwieriger klinischer Situationen und zur emotionalen Entlastung von Patientinnen und Therapeutinnen beitragen. Vielleicht sollten wir die heute schwer vermittelbare Theoriesprache Bions in ihrem historischen Kontext verstehen: als Versuch, Begriffe für seinerzeit schwer fassbare Phänomene zu finden, die sich heute überzeugender im Kontext von Prozessen der nonverbalen Kommunikation konzipieren lassen.

11. Die aus der relationalen und intersubjektiven Psychoanalyse hervorgegangenen Beiträge haben sich für das psychodynamische Beziehungsverständnis und die Gestaltung der therapeutischen Beziehung als außerordentlich fruchtbar erwiesen. Zwar bedürfen einige Tendenzen, die wir bei relationalen und intersubjektiven Autorinnen antreffen, einer kritischen Kommentierung. Wir denken dabei an die Überbetonung der Bedeutung übertragungsbedingter Inszenierungen, die als allgegenwärtig angenommen werden, und an die weitgehende Relativierung von konflikt- und strukturbezogenen Zugängen, der wir ebenfalls nicht folgen wollen. Doch mindern diese kritischen Einwände nicht den Gewinn, den uns diese Beiträge für das Verständnis der therapeutischen Beziehungsgestaltung vermitteln können. Allein die Forderung, den Patientinnen auf Augenhöhe zu begegnen, ohne das real vorhandene Macht- und Wissensgefälle zu verleugnen, ist für die therapeutische Beziehungsgestaltung von unschätzbarem Wert. Zu wissen, dass wir als Therapeutinnen mit der Art unserer Persönlichkeit und unseres Interaktionsstils Wesentliches zum Gelingen der therapeutischen Beziehung beitragen, ist einerseits bereichernd, zeigt aber auch unsere Verantwortung für den therapeutischen Prozess. Es macht vor allem unmissverständlich klar, dass das Scheitern einer Therapie nie nur den Patientinnen angelastet werden darf.

12. Die von Fonagy und seinen Mitarbeiterinnen[78] entwickelte *mentalisierungsbasierte Perspektive* kann unter dem hier vertretenen Anspruch der Kompatibilität psychoanalytischer Theoriebildung mit den Nachbarwissenschaften der Psychoanalyse eine besondere Wertschätzung beanspruchen. Anders als so gut wie alle zuvor formulierten Theoriebildungen hat sie den Brückenschlag zur empirischen Säuglingsforschung und zur Bindungstheorie zu einem zentralen Anliegen gemacht hat. Sie hat in therapiepraktischer Hinsicht wertvolle Interventionen für Patientinnen mit Störungen der Mentalisierungsfunktion geschaffen, die bei entsprechender Indikation und im Zusammenwirken mit konflikt-, struktur- und repräsentanzenorientierten Interventionen die klinische Arbeit bedeutend bereichern können. Mentalisierungsbasierte Ansätze stellen vor allem dann eine Bereicherung da, wenn die Mentalisierungsfunktion entwicklungsbedingt oder aus Abwehrgründen geschwächt ist. Erwartungsgemäß wird sie dann weniger gewinnbringend sein, wenn die klinische Problematik nicht primär auf eine Störung der Mentalisierungsfunktion, sondern auf eine unbewusste Konfliktproblematik zurückzuführen ist.

13. Trotz der geschilderten Theorienfülle sind auch *Lücken* im traditionellen psychodynamischen Theorienkanon und dem daraus abgeleiteten Interventionsrepertoire festzustellen. Sie betreffen vor allem Patientinnen mit Störungen *im Bereich der Repräsentanzenbildung*, die sich in der Regel vor einem traumatischen Hintergrund entwickelt haben. Der Versuch, nicht genugend symbolisch repräsentierten Zuständen oder abgespaltenen Erinnerungsfragmenten eine symbolische Repräsentanz zu verleihen, stößt mit den herkömmlichen psychodynamischen Möglichkeiten der Intervention oft an Grenzen. Therapeutinnen, die sich mit diesen Patientinnen befasst haben, haben dazu seit längerem spezifische Interventionen aus anderen therapeutischen Kontexten importiert. Wir halten das für unbedenklich, solange ihre Integration vor dem Hintergrund des psychodynamischen Beziehungsverständnisses reflektiert wird und Aspekte von Übertragung und Gegenübertragung berücksichtigt werden. Als eine wertvolle traumakonfrontative Methode, die sich gut in psychodynamische

---

78 Fonagy P et al. (2011)

Therapien integrieren lässt, betrachten wir zum Beispiel das EMDR (Eye Movement Desensitization and Reprocessing[79]; ▶ Kap. 4.3.6).

2.7 Vier Perspektiven einer zeitgemäßen psychodynamischen Therapie

Unter einer wertschätzenden und zugleich kritischen Würdigung der psychoanalytischen Theoriebildungen und unter Beachtung der uns zugänglichen Befunde aus den Entwicklungs- und Neurowissenschaften und der Psychotherapieforschung favorisieren wir eine multiperspektivische Betrachtung, die die folgenden vier Elemente enthält:

1. Die *Perspektive der therapeutischen Beziehungsregulation*, die objektbeziehungstheoretische, selbstpsychologische, postkleinianische, intersubjektive und relationale Positionen und auch die Ergebnisse der Entwicklungspsychologie, der Neurobiologie und der empirischen Psychotherapieforschung einbezieht, sollte die Basis einer jeden Psychotherapie sein. Sie umfasst notwendige Regulierungen des therapeutischen Prozesses, die Beachtung von Übertragung und Gegenübertragung und einen wirksamen Umgang mit Blockaden des therapeutischen Prozesses. Die Beachtung dieser Perspektive bedeutet nicht, dass die therapeutische Beziehung in jedem Falle im Vordergrund der therapeutischen Arbeit stehen muss. Ihre Beachtung wird jedoch dann relevant, wenn eine Störung in der Therapiearbeit auftritt (▶ Kap. 3).
2. Die für das Selbstverständnis psychodynamischer Arbeit prägende *Perspektive der Bewusstmachung unbewusster motivationaler Konflikte* stellt die zweite Säule dar. Allerdings sollte das Konfliktverständnis nicht mehr in Begriffen der klassischen dualistischen Triebtheorien formuliert, son-

---

79 Hofmann A (2014), Shapiro F (2012)

dern im Einklang mit den Erkenntnissen der Neurowissenschaften als Konfliktgeschehen zwischen unterschiedlichen Motivationssystemen konzipiert werden. Bei einem an dieser Perspektive orientierten Vorgehen geht es wesentlich darum, (1) Emotionen zu identifizieren, die auf unbewusste Konflikte hindeuten, (2) die entsprechende Abwehrstruktur zu lockern und (3) die Konflikte auf der bewussten Ebene zur Darstellung zu bringen. Diese Art der Konfliktaufdeckung führt in der Regel dazu, dass die Patientinnen wieder Zugang zu ihren blockierten Ressourcen finden (▶ Kap. 4.2).

3. An dritter Stelle steht die Perspektive der Arbeit an Ich-Funktionen. Wir folgen dabei den Prinzipien der *strukturbezogenen Psychotherapie*[80], die auf der Basis der *psychoanalytischen Ich-Psychologie* entwickelt wurde. Unter einem ressourcenorientierten Blickwinkel führen wir insofern eine Ergänzung ein, als wir jeweils systematisch klären, ob die zur Alltagsbewältigung benötigten Prozeduren der Selbst- und Beziehungsregulation zu einem früheren Zeitpunkt und unter anderen Umständen einmal verfügbar waren. Ist dies der Fall, leiten wir die Patientinnen an, sich die einstmals vorhandenen Kompetenzen und Fähigkeiten wieder zugänglich zu machen, um künftig auf maladaptive Prozeduren verzichten zu können (▶ Kap. 4.3).

4. Schließlich schlagen wir vor – insbesondere bei der Behandlung von Patientinnen mit Traumafolgestörungen – auch die *Perspektive der unzureichenden Repräsentanzenbildung* einzunehmen. Die Beschäftigung mit symbolisch nicht genügend repräsentierten, intrusiven, dissoziativ »abgespaltenen« oder auch somatoform abgewehrten psychischen Inhalten und Persönlichkeitsaspekten traumatischen Ursprungs stellt noch immer eine Herausforderung dar, der wir uns stellen sollten. Besonders im Umgang mit intrusiven und dissoziativ abgespaltenen Inhalten favorisieren wir therapeutische Zugänge, die die Erkenntnisse Pierre Janets[81] aufgreifen und das darauf aufbauende moderne psychotraumatologische Wissen nutzen (▶ Kap. 4.4).

---

80 Rudolf G (2020)
81 Janet P (1989)

3 Ressourcenorientierte psychodynamische Beziehungsgestaltung

3.1 Empathische, von Mitgefühl getragene Grundhaltung

Zu den zentralen Elementen einer ressourcenorientierten psychodynamischen Haltung gehört eine empathische, von Mitgefühl für die Patienten[82] und uns selbst getragene Haltung, die ein unaufdringliches Kennenlernen der inneren Welt des Patienten ermöglicht.

Empathie hat affektive und kognitive Aspekte. Die affektive Seite der Empathie betrifft die Fähigkeit, sich durch den Gefühlszustand einer anderen Person berühren zu lassen und in Resonanz darauf zu regieren. Die kognitive Seite der Empathie umfasst die Fähigkeit, den Gefühlszustand einer anderen Person einzuschätzen, ihre Perspektive einzunehmen und die mentalen Zustände zu erschließen, die ihren Handlungen zu Grunde liegen. In der psychoanalytischen Tradition wurde Empathie als Versuchsidentifikation und Spiegelung verstanden. Sie beinhaltet Verbundenheit mit dem Patienten und gleichzeitig die notwendige Aufrechterhaltung der Selbst-Objekt-Grenze. Entscheidend ist die Fähigkeit, Nähe herstellen zu können und gleichzeitig die professionelle Distanz wahren zu können. Anna Freud[83] hatte die Äquidistanz gegenüber den Strukturelementen des Ich, Es und Überich gefordert.

Aus ressourcenorientierter Sicht erscheinen uns die folgenden Merkmale von Empathie erwähnenswert:

---

82 Wenn in diesem Kapitel durchgängig die männliche Form erscheint, sind gleichwohl alle Geschlechter gemeint.
83 Freud A (1936/2012)

3.1 Empathische, von Mitgefühl getragene Grundhaltung

1. Unter einem umfassenden psychodynamischen Blickwinkel gilt Empathie immer *auch den nicht tolerierten, abgewehrten oder dissoziierten Persönlichkeitsanteilen* eines Patienten. In therapiepraktischer Hinsicht haben wir uns nicht nur zu fragen, was ein Patient mit dem, was er uns sagt, uns noch mitteilen will, sondern auch, was er uns gerade *nicht* mitteilt.
2. Empathie gilt auch den Seiten eines Patienten, in dem die *gewünschten und ersehnten, im positiven Sinne erfüllenden, hoffnungsvollen und das Selbstgefühl potenziell stärkenden Beziehungsfantasien* repräsentiert sind.
3. Unsere Empathie sollte von *Mitgefühl* getragen sein. Dieses Mitgefühl gilt nicht nur unseren Patienten, sondern auch uns selbst. Es sollte kognitive und emotionale Elemente enthalten.
4. Ressourcenorientiertes Arbeiten würdigt auch unser *implizites Beziehungswissen* als Grundlage unserer klinischen Intuition. Nur mit ihrer Hilfe können wir die unüberschaubare Anzahl beziehungsrelevanter und kontextbezogener Informationen aufnehmen und in ihrer Komplexität verarbeiten. Wir wissen, dass Intuition und Spontaneität notwendig sind, um die für den Moment passende Intervention zu finden. Solange wir von unserer klinischen Intuition und unserem impliziten Beziehungswissen so geleitet werden, dass der therapeutische Prozess im Sinne der Therapieziele und im Einklang mit den Beziehungsbedürfnissen unserer Patienten voranschreitet, benötigen wir unsere explizite Reflexion allenfalls insoweit, als wir uns auch auf einer kognitiven Ebene der Passung unseres Vorgehens versichern können. Wenn der therapeutische Prozess jedoch stockt und nicht in der erwarteten Weise verläuft, sollten wir uns zu einer kognitiv geleiteten Reflexion des therapeutischen Geschehens entschließen. Möglicherweise ist es zu einer Ruptur in der therapeutischen Beziehung gekommen, die sich reparieren lässt; oder ein problematisches Übertragungsgeschehen ist aktiv, das sich blockierend auf den therapeutischen Prozess auswirkt und klärend aufgelöst werden kann.

3.2 Regulieren

Vor dem Hintergrund der Erkenntnisse zur Regulation von Beziehungen (▶ Kap. 2.3) verstehen wir die Entwicklung der therapeutischen Beziehung als einen Prozess fortgesetzter Abstimmung. In mehrfacher Hinsicht fällt uns die Aufgabe der Regulation zu:

1. Ein wichtiger Teil unserer regulatorischen Aufgaben ist die Schaffung einer *durch positive Emotionalität geprägten Arbeitsatmosphäre*. Damit Gefühle der Scham, Angst, Ohnmacht oder Minderwertigkeit in der therapeutischen Situation Platz haben können, bedarf es einer wohlwollenden und positiven Grundstimmung in der Therapiesitzung. So wichtig die Einsicht in unbewusste Zusammenhänge und Motivationen auch ist – immer muss es auch um die Erzeugung gemeinsam geteilter positiver Affektzustände gehen. Auf die »Aufwärtsspirale« positiver Emotionalität[84] mit ihren vielfältigen Wirkungen haben wir bereits hingewiesen. Wir erinnern uns, dass jeder authentische Kontakt mit positiven Emotionen verbunden ist und dass auch in einer therapeutischen Beziehung positive Momente die Möglichkeit einer »dyadischen Ausweitung des Bewusstseins«[85] beinhalten.
2. Wir können nicht genug betonen, dass sich ein ressourcenbasiertes psychotherapeutisches Handeln nicht in der Erzeugung positiver Emotionalität erschöpft. Eine positive Arbeitsatmosphäre herzustellen, bedeutet nicht, jede Art negativer Emotionalität zu vermeiden oder negativen Emotionen aus dem Wege zu gehen. Was wir brauchen, ist eine *ausgewogene Balance zwischen positiven und negativen Emotionen*. Dennoch sollte im Gesamterleben der Patienten das positive Gefühl, angenommen und verstanden zu werden, überwiegen. Auch und gerade bei schwierigen Themen und insbesondere bei der Trauer um erlittene Verluste sollen nicht die negativen Gefühle von Ohnmacht, Hilflosigkeit und Verzweiflung die Oberhand behalten, sondern po-

---

84 Fredrickson BL & Joiner T (2002)
85 Tronick EZ et al. (1998)

sitiv getönte Affekte von Zuversicht, Bewältigung und Hoffnung in den Vordergrund treten dürfen.
3. Um produktiv an psychotherapeutischen Themen arbeiten zu können, benötigen unsere Patienten ein *optimales Spannungsniveau*, das nicht zu hoch und nicht zu niedrig sein sollte. Zu niedrig sollte es nicht sein, weil andernfalls keine ausreichende Problemaktualisierung und Bearbeitungstiefe erreicht wird. Es sollte aber auch nicht zu hoch sein, weil ein zu hohes Spannungsniveau die Fähigkeit zu Reflexion und Mentalisierung einschränken würde. Befindet sich das Spannungsniveau eines Patienten außerhalb des »therapeutischen Fensters«, greifen wir regulierend ein.
4. Um die vorhandenen Regulationsmöglichkeiten der Patienten einzuschätzen, achten wir besonders auf *physiologische Zeichen eines erhöhten Erregungsniveaus*. Körperhaltung und Gesichtsmimik können uns Auskunft über das Spannungsniveau des Patienten geben. Ob sich die Gesichtszüge eines Patienten in Reaktion auf unsere Interventionen entspannen oder anspannen, kann dabei ein wichtiger Indikator sein. Allgemein gilt: Je stärker strukturelle Defizite vorliegen sind, desto eher kommt es darauf an, die Anspannung in der therapeutischen Situation nicht zu sehr ansteigen zu lassen. Dies ist besonders wichtig bei Patienten mit Traumafolgestörungen, bei denen eine durch traumaassoziierte Stimuli aktivierte angstvolle Emotionalität das explorative System paralysiert und neues Lernen hemmt. Wir sollten kein Zuviel und kein Zuwenig an regulierender Aktivität anbieten. Höher strukturierte Patienten, die ihre Emotionen ausreichend gut regulieren können, bedürfen in dieser Hinsicht weniger unserer Unterstützung.
5. Ist das Spannungsniveau zu hoch, sind Interventionen mit dem Ziel der *Beruhigung* vorrangig. Diese können verbaler oder nonverbaler Art sein. Eine beruhigende Stimme und ein freundlich ermutigender Gesichtsausdruck können oft mehr zur Regulation beitragen als viele Worte. Manchmal wirkt es schon beruhigend, wenn wir ein wenig langsamer sprechen. Mitunter empfiehlt es sich, den schnellen Redefluss der Patienten taktvoll zu unterbrechen, um eine Frage zu stellen oder eine präzisierende Erläuterung zu erbitten. Im Bedarfsfall können wir den Patienten eine Atemübung anbieten oder mit ihnen ge-

meinsam eine einfache Klopfroutine von Akupunkturpunkten[86] oder eine bilaterale Stimulation wie die »Schmetterlings-Umarmung« durchführen[87] (▶ Kap. 4.3.3).

6. Ein weiteres Kernelement einer ressourcenbasierten Beziehungsgestaltung besteht darin, den *Grundbedürfnissen* unserer Patienten Rechnung zu tragen und unsere eigenen Grundbedürfnisse nicht zu vernachlässigen. Zu berücksichtigen haben wir die Grundbedürfnisse nach
   – Orientierung und Kontrolle
   – Bindung
   – Selbstwertschutz und Selbstwerterhöhung
   – Lustgewinn und Unlustvermeidung (▶ Kap. 2.1).

7. Besonders für Patienten mit Traumafolgestörungen und Persönlichkeitsstörungen ist das *Bedürfnis nach Orientierung und Kontrolle* von zentraler Bedeutung, oft auch das Bedürfnis nach Sicherheit in der therapeutischen Beziehung.

8. Bei allen Interventionen achten wir sorgfältig darauf, das *Selbstwertgefühl* der Patienten hinreichend zu schützen. Zumindest sollten die Patienten mit unseren Interventionen keine Bedrohung für ihr Selbstwertgefühl verbinden – was leicht geschehen kann, wenn ein Patient eine wohlgemeinte Erklärung oder Deutung vor seinem spezifischen Erfahrungshintergrund und seiner Übertragungsdisposition als »schulmeisterlich« oder sogar demütigend empfindet. Auch das Grundbedürfnis nach Lustgewinn und Unlustvermeidung ist uns wichtig: Unsere Patienten sollen die therapeutische Beziehung nicht als Ort der Unlust und der negativen Emotionalität, sondern als einen Raum erleben können, der ihnen Zuversicht und die Aussicht auf Problemlösung vermitteln kann. Wenn wir nicht nur den Schutz, sondern auch die Steigerung des Selbstwertgefühls zu den Grundbedürfnissen unserer Patienten rechnen, zählt auch seine stetige Stärkung zu unseren regulatorischen Aufgaben. Sie kann explizit oder implizit erfolgen. Mitunter erzielen wir mit eher beiläufig formulierten wertschätzenden Bemerkungen, die den Patienten als geschätzte

---

86 Bohne M (2010)
87 Jarero I et al. (2008)

und wertvolle Person erscheinen lassen, einen stärkeren Effekt als mit offen ausgesprochenem Lob. Wann immer ein Patient über Erfahrungen gelungener Bewältigung berichtet, weisen wir ihn auf die ihm innewohnenden Kompetenzen hin, die das Gelingen möglich gemacht haben. Wann immer Patienten die Erfahrung machen, dass andere ihnen Wertschätzung entgegenbringen, leiten wir sie an, zu erkunden, welche Merkmale ihrer Persönlichkeit so schätzenswert sein müssen, dass sie eine solche Wirkung hervorgerufen haben.

9. Ein wesentliches Element der Regulation ist das *Spiegeln der Affekte*. Die Patienten sollen sich in ihrem emotionalen Erleben wahrgenommen fühlen dürfen. Ihre Emotionen sollen eine Repräsentanz als mentale Zustände erhalten. Ein erfolgreiches Spiegeln der Affekte ist eine gute Möglichkeit, um Resonanz und Synchronie in der therapeutischen Beziehung herzustellen. Auch ausgesprochen negative Emotionen können, wenn sie in einer empathischen therapeutischen Beziehung gespiegelt werden, eine positive emotionale Färbung erhalten. Sie sollen sich mit dem Gefühl verbinden, gesehen, wertgeschätzt und angenommen zu sein. Patienten, die ihre Emotionen nur schwer wahrnehmen können, werden lebendiger, wenn sie unsere empathische Wahrnehmung ihres Affektes spüren.[88]

10. Zu den regulierenden Aktivitäten gehört auch das Bestätigen oder *Validieren der psychischen Realität der Patienten*. Bei bestätigenden Interventionen achten wir darauf, dass sie patientengerecht dosiert sind und nicht schematisch wirken.

11. Sie sind *unverzichtbar* bei Patienten, denen in einem durch Missachtung und Entwertung geprägten beziehungstraumatischen Umfeld die Richtigkeit ihrer Wahrnehmung und die Berechtigung ihrer Bedürfnisse abgesprochen wurde. Hingegen können bei höher strukturierten Patienten unnötig häufig eingesetzte Bestätigungen den Therapieprozess hemmen.

12. Eine besondere Bedeutung kommt besonders bei strukturschwachen Patienten *ermutigenden Interventionen* zu. Patienten sind oft durch die Umstände ihrer aktuellen Lebenssituation so demoralisiert, dass sie sich kaum noch zutrauen, eigenständig über Problemlösungen nach-

---

88 Lichtenberg J et al. (2000)

zudenken. Nicht wenige Patienten haben in dem beziehungstraumatischen Umfeld ihrer Kindheit gelernt, dass es ist nicht nur aussichtslos, sondern sogar kontraproduktiv und schädlich sein kann, selbst nachzudenken und vermeintlich Selbstverständliches zu hinterfragen. Auch wenn Patienten durch Schamgefühle daran gehindert werden, sich der Bearbeitung eines Themas zuzuwenden, oder wenn sie es übertragungsbedingt vermeiden, eigene Gedanken auszusprechen – aus Angst, dafür bestraft oder zurückgewiesen zu werden – können ermutigende Interventionen wichtig werden.

13. Patienten, die unter einem starken inneren Leistungsdruck stehen, oder solche, die übermäßig kritisch mit sich selbst umgehen, können sehr von *entlastenden Interventionen* profitieren. Besonders entlastend kann es auf Patienten wirken, wenn wir auf unsere eigenen Begrenzungen oder Unzulänglichkeiten hinweisen.

14. Wenn es uns gelingt, die segensreichen Wirkungen von *Humor* zu nutzen, kann dies ein großer Gewinn für die Therapie sein. Es erstaunt uns oft, in welchem Maße auch schwer gestörte Patienten auf die Ressource Humor zugreifen können. Ein in der Therapiesitzung spontan auftretendes gemeinsames Lachen kann Ausdruck einer positiven emotionalen Verbundenheit in der therapeutischen Beziehung sein, manchmal auch der Ausdruck einer befreienden Auflösung eines Konflikts. Es unterscheidet sich grundlegend von einer abwehrbedingten Lustigkeit, die den Zugang zu einem unbewussten Konflikt eher versperrt.

15. Nicht unerwähnt lassen sollten wir die stark affektgeladenen Momente, die aus unerwarteten positiven Interaktionen mit unseren Patienten entstehen können (▶ Kap. 2.3). Für sie hat Stern[89] den Begriff der *Begegnungsmomente* geprägt. Dabei handelt es sich um Ereignisse, die unerwartet in der Therapie auftreten und den »normalen« Ablauf einer Sitzung unterbrechen. Meist sind es Augenblicke, in denen sich überraschend etwas in der therapeutischen Beziehung ereignet, Momente, die weder therapeutisch geplant noch erwartet wurden, sondern neuartig und mit hoher authentischer Qualität auftreten. Sie werden als besonders markant erlebt und sind im Rückblick gut er-

---

89 Stern DN et al. (2002)

innerbar. Da für diese Momente keine Reaktionsmuster bereitliegen, können sie nur durch ein spontanes Reagieren entstehen. Die sich einstellende Begegnung »auf Augenhöhe« macht eine neue Beziehungsneuerfahrung möglich, sie erweitert das implizite Beziehungswissen und bewirkt, dass sich ein Teil des impliziten Beziehungswissens neu organisiert.

16. *Auch für uns Therapeuten ist eine ausreichende Regulation unserer Stimmungslage wichtig.* Nur wenn wir selbst ausreichend gut reguliert sind, können wir den uns anvertrauten Patienten unsere kognitive und emotionale Kompetenz am besten zur Verfügung stellen. Nach Möglichkeit sollte sich unsere Stimmungslage während der Therapiesitzung im positiven Bereich bewegen. Nur dann können wir auch die aktuelle Befindlichkeit und Bedürfnislage unsere Patienten realistisch und ganzheitlich zu erfassen. Am Nutzen positiver Emotionen in der therapeutischen Beziehung besteht heute kein Zweifel mehr. Empirische Befunde zeigen eindeutig, dass eine positive Stimmung des Therapeuten für den Therapieverlauf vorteilhaft ist.[90] Wir hatten bereits darauf hingewiesen (▶ Kap. 1.2), dass auch wir Therapeuten ein Recht auf die Berücksichtigung unserer Grundbedürfnisse haben: dass auch wir, um unseren Patienten auf wirksame Weise helfen zu können, ein Mindestmaß an Orientierung und Kontrolle brauchen; dass auch wir eine, wiewohl professionelle, Bindung an unsere Patienten herzstellen müssen, um uns auf sie einlassen zu können; und dass auch wir einen berechtigten Anspruch haben, von unseren Patienten nicht verletzt oder gekränkt zu werden.

Übersicht 5: Regulieren

- positive Grundstimmung in der Therapiesitzung
- optimales Spannungsniveau
- beruhigende Interventionen
- Grundbedürfnisse der Patienten beachten
- Spiegelung der Affekte

---

90 Chui H et al. (2016)

- bestätigen und validieren
- ermutigen
- entlasten
- wenn möglich, positive Wirkungen von Humor nutzen
- positive Arbeitsatmosphäre auch für Therapeuten
- Beachtung auch der therapeutenseitigen Grundbedürfnisse

3.3 Kooperative therapeutische Beziehung

Als ein wichtiges Element einer ressourcenorientierten Beziehungsgestaltung betonen wir den kooperativen Charakter der therapeutischen Beziehung. Dazu erscheinen uns die folgenden Hinweise wichtig:

1. Mit Bordin[91] verstehen wir unter einer *zufriedenstellenden therapeutischen Allianz* (1) eine ausreichende Übereinstimmung hinsichtlich der Therapieziele und der gemeinsam zu erledigenden Aufgaben und (2) eine positive emotionale Verbundenheit. Wir vermitteln den Patienten, dass ihr Beitrag zum Gelingen der Therapie ebenso wichtig ist wie der unsrige. Konkret bedeutet dies, dass wir von ihnen eine aktive *Mitarbeit* und die Übernahme der *Mitverantwortung* für die Therapie erwarten dürfen. Dazu regen wir sie an, wann immer nötig, Fragen zu stellen und sich jederzeit davon zu überzeugen, ob der eingeschlagene therapeutische Weg für sie zielführend ist.
2. Indem wir unseren Patienten die Notwendigkeit ihrer aktiven Mitwirkung erläutern, wirken wir nicht nur unrealistischen passiven Heilungserwartungen entgegen. Indirekt stärken wir auch ihr *Selbstwertgefühl*, da wir ihnen zutrauen, Wesentliches zum Gelingen des gemeinsamen Therapieprojektes beitragen zu können. Jede Zunahme an Kompetenz und jeder Zuwachs an Beziehungswissen erhöht das

---

91 Bordin ES (1979)

Selbstbewusstsein der Patienten. Beides verbessert ihre Fähigkeit zur Problemlösung und optimiert die Voraussetzungen, um unbewusste Konfliktlagen dem Bewusstsein näher zu bringen.

3. Bei der Erarbeitung gemeinsamer Therapieziele legen wir Wert auf *konkrete positive Zielvisionen*. Dabei beachten wir, dass diese im Verlauf der Behandlung einer dynamischen Entwicklung unterworfen sein können. Es genügt nicht, sie zu Beginn der Therapie zu formulieren; stattdessen sollten sie implizit oder explizit an den Stand des Therapieprozesses angepasst werden.

4. Uns geht es darum, gemeinsam mit unseren Patienten einen Weg in der Therapie zu finden, mit dem sich beide, sie und wir, gleichermaßen identifizieren können. Deshalb *ermutigen wir die Patienten, ihre Sichtweise darzulegen* und, wo immer es ihnen nötig erscheint, auch Einwände gegen unser Verständnis oder unser Vorgehen zu formulieren. Zusätzlich achten wir besonders auf uns zugängliche *nonverbale Signale von Skepsis und Ablehnung*; wann immer wir sie wahrnehmen, greifen wir sie taktvoll auf. Wir fragen interessiert nach und bitten die Patienten, ihre abweichende Sichtweise zu erläutern.[92] Hinweise auf fehlende Zustimmung zu den eigenen Vorschlägen und Erklärungen betrachten wir als willkommene Information, wie es in der Therapie auf möglicherweise anderem Wege weitergehen könnte.

5. So gut wie immer lohnt es sich, die Patienten zu bitten, einen Moment *innezuhalten*, um *hinzuspüren*, wie es ihnen mit dem soeben Besprochenen oder mit unseren Überlegungen geht, wie sie sich fühlen und was sie dazu denken. Derartige Fragen sind besonders bei Patienten zu empfehlen, die dazu neigen, sich aufgrund ihrer negativen Beziehungserfahrungen unseren vermeintlichen Erwartungen anzupassen und es von sich aus nicht wagen, Einwände zu erheben oder unser Vorgehen zu hinterfragen. Eine konsequente Erfassung der Sichtweise der Patienten ist auch eine gute Möglichkeit, *negative Übertragungen*, die zu Blockaden in der therapeutischen Beziehung führen können, frühzeitig zu identifizieren und im Hinblick auf die Realität der therapeutischen Beziehung zu klären.

---

92 Safran JD et al. (2011)

6. *Therapieaufträge* sollten grundsätzlich von den Patienten ausgehen. Wir können die Patienten jedoch bei der Wahl und Präzisierung ihrer Therapieaufträge unterstützen und Vorschläge machen. Dabei ist es weder möglich noch notwendig, alle Anliegen zu explizieren. Aufträge, die sich auf die Befriedigung menschlicher Grundbedürfnisse – nach Sicherheit, Orientierung, Kontrolle, Bindung, Selbstwertschutz, Vermeidung stärkerer Unlusterfahrungen – beziehen, werden implizit erteilt und begründen einen legitimen Anspruch. Bei allen anderen gemeinsamen Aufgaben empfehlen wir jedoch eine wiederholte explizite Auftragsklärung, um sicherzustellen, dass wir tatsächlich an einem Auftrag unserer Patienten arbeiten.
7. Den Einsatz von *Suggestion* halten wir ausdrücklich für gestattet, wenn sie der Förderung des Therapieprozesses und der Entwicklung eines »*Wir-Gefühls*« in der therapeutischen Beziehung dient. Zwar sollten wir uns der Gefahren weitergehender Suggestionen bewusst sein; doch wäre es eine Illusion, anzunehmen, dass eine psychotherapeutische Behandlung, welcher Verfahrensrichtung auch immer, ohne das Mittel der Suggestion auskommen könnte. Ein kompletter Verzicht auf das Mittel der Suggestion wäre auch gar nicht wünschenswert, denn wie bei jeder medizinischen Intervention trägt die positive Suggestion einer erwartbaren Besserung zur Wirksamkeit psychotherapeutischer Interventionen bei. Indem wir die eigene Therapie überzeugend präsentieren und den Patienten suggestiv vermitteln, dass sie – ihre kooperative Mitwirkung vorausgesetzt – mit hoher Wahrscheinlichkeit mit einer symptomatischen Verbesserung rechnen können, werden wir eine positive Erwartung gegenüber unserer Therapie fördern und damit einen wichtigen unspezifischen Wirkfaktor von Psychotherapie aktivieren.[93]
8. Unsere therapeutische Beziehung verfolgt eine klare *Progressionsorientierung* im Hinblick auf die vereinbarten Therapieziele. Dazu lohnt es sich, auf Indikatoren für einen in Gang gekommenen Therapieprozess zu achten. Für einen erfolgreichen Therapieverlauf kann es sprechen, wenn eine symptomatische Besserung eintritt – doch sollte diese nicht nur auf den Wegfall äußerer Belastungen zurückzuführen sein. Darüber

---

93 Lambert MJ (2013)

hinaus können wir von einem günstigen Therapieverlauf sprechen, wenn der Patient
- erkennbar an der Lösung seiner Probleme arbeitet
- tatsächlich die am stärksten belastenden und im Sinne der Zieldefinition relevanten Themen mit ausreichender emotionaler Beteiligung anspricht
- aktiv fokusbezogene Gedanken und Gefühle einbringt
- offensichtlich Verantwortung für die Therapie übernimmt.[94]

9. Als einen weiteren, zwar nicht immer verlässlichen, aber dennoch wertvollen Indikator eines günstigen Therapieprozesses betrachten wir die *Zufriedenheit* der Patienten mit dem bisherigen Therapieverlauf und der therapeutischen Beziehung. Uns ist es wichtig, zu erfahren, ob die Patienten das Gefühl haben, auf »einem guten Weg« zu sein. Umgekehrt stellt eine fehlende Zufriedenheit mit dem bisherigen Verlauf für uns eine wichtige Information dar, die uns veranlassen kann, mit den Patienten in einen Klärungsprozess einzutreten, an dessen Ende eine Neujustierung der Therapieziele oder des therapeutischen Vorgehens stehen kann.

Übersicht 6: Kooperative therapeutische Beziehung

- aktive Mitarbeit und Verantwortungsübernahme der Patienten
- konkrete Zielvisionen
- Erfassung der Sichtweise der Patienten
- nonverbale Signale von Zustimmung oder Skepsis aufgreifen
- den Patienten zum reflektierenden Innerhalten anregen
- Suggestion eines Wir-Gefühls
- Klärung der Therapieaufträge
- Progressionsorientierung
- Zufriedenheit der Patienten mit dem Therapieverlauf erfragen

---

94 Hoffmann SO (2019)

3.4 Brüche in der therapeutischen Beziehung und ihre Reparatur

Die Erkenntnis, dass es immer wieder zu Brüchen der therapeutischen Beziehung kommen kann, die gemeinsam »repariert« werden können[95], ist ein wichtiger und bedeutsamer Grundpfeiler unseres therapeutischen Arbeitens. Dazu erscheinen die folgenden Aspekte beachtenswert:

1. Wenn wir davon ausgehen, dass es sich bei Allianzrupturen um *normalerweise in Therapien vorkommende Ereignisse* handelt, können wir in der Möglichkeit ihrer Identifikation und Reparatur eine äußerst wertvolle Ressource für die Behandlung erkennen. Sie stellt eine unschätzbare Möglichkeit dar, um Blockaden im Therapieprozess zu beheben, indem sie hilft, Missverständnisse zu klären, diagnostische Fehleinschätzungen zu korrigieren und nach Gründen für blockierende Einflüsse zu suchen. Besonders bei schwer gestörten Patienten sind Brüche der therapeutischen Allianz ein außerordentlich häufiges Phänomen, manchmal nahezu die Normalität. Die Herausforderung besteht darin, sich abzeichnende Brüche in der Therapiebeziehung frühzeitig zu erkennen.
2. Die Brüche können sich bereits auf der *Ebene der Aufgaben und Ziele* abzeichnen. Wenn diese nicht gut zwischen den Patienten und uns abgestimmt sind, kann es vorkommen, dass wir an vermeintlichen Therapieaufträgen der Patienten arbeiten, die wir von ihnen nie erhalten haben. Auch auf der Ebene der emotionalen Verbundenheit können Brüche entstehen, wenn – ausgelöst durch bestimmte Merkmale des jeweils anderen – bei den Patienten oder bei uns negative Affekte oder Verhaltensimpulse ausgelöst werden, die nur vor dem jeweiligen biografischen Hintergrund und der entsprechenden Übertragungsdisposition verstehbar sind.
3. Die *Ressourcenqualität der Identifikation und Reparatur von Allianzbrüchen* zeigt sich in den ausgesprochen positiven Effekten auf die therapeuti-

---
[95] Safran JD & Muran JC (2000)

sche Beziehung, die eintreten, wenn sich die Gründe für die Brüche klären und Missverständnisse auflösen lassen. Sie zeigt sich vor allem auch dann, wenn es den Patienten möglich ist, auch negative Emotionen mitzuteilen und wir nicht defensiv, sondern offen und akzeptierend darauf reagieren. Besonders gute Allianzwerte wurden gemessen, wenn Episoden von Allianzruptur und Allianzreparatur vorausgegangen waren.[96] Umgekehrt müssen wir davon ausgehen, dass sich bei fehlender Möglichkeit der Reparatur einer Allianzruptur Gefühle des Unverstandenseins, des Alleingelassenseins, des Nicht-Gesehenwerdens, des Ausgeliefertseins, der Beschämung oder der Ohnmacht einstellen können, die mit einem anhaltenden Stresszustand und allen physiologischen Merkmalen einer Stressreaktion verbunden sind.
4. Eine Herausforderung kann die *Identifikation von Allianzrupturen* darstellen. Aus empirischen Untersuchungen lässt sich schließen, dass Allianzrupturen durch Psychotherapeuten bisher im Allgemeinen nicht gut identifiziert werden.[97] Auch gibt es Hinweise, dass Therapeuten dazu neigen, die Qualität der therapeutischen Beziehung zu überschätzen.[98] In jedem Fall lohnt es sich, der Identifikation von Allianzbrüchen besondere Aufmerksamkeit zuzuwenden und diese Fähigkeit in Ausbildungskontexten besonders zu trainieren.[99]
5. Empirische Studien lassen keinen Zweifel daran, dass *Patientenrückmeldungen* den Therapieerfolg verbessern. Durch den Einbezug von Patienten-Rückmeldungen zur Qualität der therapeutischen Beziehung und zum bisherigen Therapieverlauf lassen sich wertvolle Hinweise gewinnen, die es gestatten, Allianzrupturen zu identifizieren und zu reparieren. Dadurch kann die Dropout-Rate gesenkt und das Risiko einer Verschlechterung vermindert werden.[100] Aus psychodynamischer Sicht betrachten wir Patienten-Rückmeldungen als wichtige Informationsquelle und ein notwendiges Korrektiv unseres eigenen Unbewussten.

---

96 Lansford E (1986)
97 Hannan C et al. (2005)
98 Walfish S et al. (2005)
99 Gumz A et al. (2018)
100 Duncan B & Miller S (2020)

6. Mit Safran und Muran[101] unterscheiden wir Rückzugs- und Konfrontationsrupturen:
   - Von einer *Rückzugs-Ruptur* sprechen wir, wenn sich unser Patient innerlich von uns zurückzieht. Er kann dies tun, indem er plötzlich das Thema wechselt, nur einsilbige Antworten gibt, in eine abstrakte Rede ausweicht oder unvermittelt auf Personen oder Sachverhalte außerhalb der Therapie zu sprechen kommt – kurz, indem er Verhaltensmuster zeigt, die wir in klassischer Terminologie gewohnt sind, als Widerstandsphänomene aufzufassen.
   - Bei einer *Konfrontations-Ruptur* bringt der Patient seine Unzufriedenheit uns gegenüber offen zum Ausdruck. Er kritisiert unsere Interventionen, das Therapieangebot oder uns als Personen auf direkte und nicht selten auf vorwurfsvolle oder feindselige Weise. Auch der Versuch, uns unter Druck zu setzen, kann Ausdruck einer Konfrontationsruptur sein.
7. Der therapeutische Umgang mit Rückzugsrupturen unterscheidet sich deutlich von demjenigen bei Konfrontationsrupturen.
   - Bei *Rückzugsrupturen* empfiehlt sich eine wohlwollende und neugierige Grundhaltung, die die Bereitschaft umfasst, die Patienten auf ihre aktuelle emotionale Befindlichkeit anzusprechen. Die Patienten sollten ermutigt werden, das bisher nur angedeutete Unwohlsein deutlicher zum Ausdruck zu bringen. In aller Regel nehmen die Patienten ein solches Angebot gerne an. Oft lassen sich Übertragungsauslöser in der therapeutischen Situation identifizieren. Nicht selten erfahren wir dann, dass der Patient sich zurückgezogen hatte, weil er annahm, von uns abgelehnt oder geringgeschätzt zu werden.
   - Bei *Konfrontationsrupturen* sollte sich das therapeutische Vorgehen darauf konzentrieren, der sich anbahnenden Feindseligkeit des Patienten den Boden zu entziehen. Daher weisen wir von Beginn an darauf hin, dass auch wir selbst zu der schwierigen Situation beigetragen haben können, und erläutern, dass wir das Anliegen des Patienten genauer verstehen möchten. Wir bitten den Patienten, seine Unzufriedenheit noch genauer auf den Punkt zu bringen. Dabei können wir die Möglichkeit in den Raum stellen, dass wir den Pati-

---

101 Safran JD & Muran JC (2000)

enten durch unser Verhalten enttäuscht oder verletzt haben könnten, ohne dies zu wollen und ohne zu wissen, wodurch wir dies bewirkt haben. Das Ziel muss es sein, einen Raum der Reflexion wiederherzustellen und den Patienten wieder in einen kooperativen therapeutischen Prozess einzubinden. Dabei kann es sich als hilfreich erweisen, das aktuelle Grundbedürfnis des Patienten – nach Anerkennung, nach Kontakt, nach Selbstwertschutz – zu benennen, dessen ausbleibende Befriedigung oder gar Verletzung vermutlich die Ruptur ausgelöst hat.

Übersicht 7: Brüche in der therapeutischen Beziehung und ihre Reparatur

- Ubiquität und weitgehende Normalität von Allianzrupturen bei Patienten mit Ich-strukturellen Störungen und Persönlichkeitsstörungen
- Ressourcenqualität der Identifikation und Reparatur von Allianzrupturen
- Identifikation von Allianzrupturen als Herausforderung
- Patientenrückmeldungen verbessern den Therapieerfolg
- Unterscheidung von Rückzugs- und Konfrontationsrupturen

3.5 Achtsamkeitsbasierte Haltung

Großen Nutzen erfahren wir von einer modifizierten achtsamkeitsbasierten Haltung. Dabei handelt es sich um eine wohlwollend beobachtende und gleichzeitig mitfühlende Haltung. Zentral ist eine Fokussierung auf den gegenwärtigen Moment ohne eine übermäßige Identifikation mit dem aktuellen emotionalen Zustand und ohne die gewohnheitsmäßige Beschäftigung mit Vergangenheit und Zukunft. Mit dieser Haltung verbunden ist eine größere Distanz zu negativen Emotionen, die in der Therapiesituation entstehen. Handlungsimpulse können weniger bedrängend werden. Dies kann uns nicht nur eine bessere Wahrnehmung eigener negativer Emotionen – von Angst, Scham- und Schuldgefühlen, aggressiven Regungen und auch Hass – ermöglichen, sondern auch zur Stärkung unseres Wohlbefindens in der Therapie beitragen.

Gegenüber einer herkömmlichen Auffassung von Achtsamkeit sprechen wir uns für eine achtsamkeitsbasierte Haltung aus, die insofern modifiziert ist, als wir es uns gestatten, wo immer notwendig, auch zu bewerten oder zu kategorisieren. Darüber hinaus halten wir die Erfassung des Beziehungsgeschehens einschließlich der Aspekte von Übertragung und Gegenübertragung für unverzichtbar.

Eine achtsamkeitsbasierte Haltung einnehmen heißt nicht, konflikthafte Themen zu vermeiden, negativen Emotionen aus dem Wege zu gehen oder auf notwendige Grenzsetzungen zu verzichten. Sie verschafft uns vielmehr die Möglichkeit, die konflikthaften Themen und negativen Emotionen wohlwollend zu betrachten und zu bearbeiten. Ebenso wenig schließt sie ein Fokussieren relevanter Themenbereiche aus. Manche Problembereiche können sogar schärfer fokussiert werden, wenn es gelingt, mit einem mitfühlend-beobachtenden Blick auf sie zu schauen. Die beobachteten Phänomene sollen nicht – wie bei klassischen Achtsamkeitsübungen – als etwas Vorübergehendes (»es sind nur Gedanken«) »vorüberziehen«. Vielmehr können sie aus dieser Haltung heraus fokussiert und vertiefend erforscht werden.[102]

So verstanden, bietet eine achtsamkeitsbasierte Haltung bedeutsame Vorteile für unser therapeutisches Handeln:

- Durch die verbesserte Emotionsregulierung verbessert sich auch unsere Mentalisierungsfunktion. Dies gibt uns die Möglichkeit, zu reflektieren, wie weit nicht nur die patientenseitigen, sondern auch unsere eigenen Grundbedürfnisse in der aktuellen Therapiesituation befriedigt oder frustriert wurden.
- Mit einer verbesserten Mentalisierungsfunktion sind wir auch besser in der Lage, unsere Aufmerksamkeit auf mögliche Brüche in der therapeutischen Allianz zu lenken.

---

102 Weiss H & Harrer ME (2010)

- Letztlich gestattet uns auch eine achtsamkeitsbasierte Haltung auch eine größere innere Distanz gegenüber Theorien und Modellen – was uns in die Lage versetzt, diese nicht als uns einengende Normen, sondern als Ressourcen aufzufassen, die uns bereichern können.

> **Übersicht 8: Achtsamkeitsbasierte Haltung in der psychodynamischen Arbeit**
>
> - wohlwollend beobachtende und mitfühlende Haltung
> - Distanz zu negativen Emotionen und bedrängenden Impulsen
> - bessere Wahrnehmung eigener, auch negativer Emotionen
> - keine Vermeidung, sondern wohlwollendes Annehmen konflikthafter Themen und negativer Emotionen
> - kein Verzicht auf Fokussierung und notwendige Grenzsetzungen
> - größere innere Distanz gegenüber Theorien und Modellen

4 Ressourcenorientierung im Konflikt-, Struktur- und Repräsentanzenparadigma

4.1 Allgemeines

Ein vom Prinzip der Ressourcenorientierung geleitetes Verständnis lässt sich gewinnbringend auf alle im Rahmen psychodynamischer Therapie als nützlich befundenen Modellbildungen anwenden. Dies gilt nicht nur für die beiden Modelle des unbewussten Konflikts (»Konfliktmodell«) und des strukturellen Defizits (»Strukturmodell«), sondern auch für ein drittes Modell, das bislang nur unscharf mit dem Begriff des »Traumamodells« umschrieben wurde und das wir nach unserer heutigen Auffassung treffender als Modell der unzureichenden Repräsentanzenbildung oder in Kurzform als »Repräsentanzenmodell« bezeichnen wollen. Wenn wir dem Störungsmodell des unbewussten Konflikts das Therapiemodell der »Bewusstmachung unbewusster Konflikte« und dem Modell des Ich-strukturellen Defizits das Therapiemodell »Aufbau von Ich-Funktionen« zuordnen, entspräche dem dritten Modell ein Therapiemodell, das wir »Schaffung symbolischer Repräsentanzen« nennen können.[103]

Wir wollen an dieser Stelle nur festhalten, dass diese Modelle nicht mehr und nicht weniger sein können als mögliche, wenngleich plausible Per-

---

[103] In einer früheren Publikation (Wöller 2016b) hatten wir für das dritte Modell der Begriff des »Assoziationsmodells« vorgeschlagen, um den therapeutischen Vorgang der Assoziation nicht repräsentierten Materials mit der Repräsentanzenwelt des Alltags zu bezeichnen. Um einer möglichen Verwechslung mit dem Begriff der freien Assoziation zuvorzukommen, würden wir heute den Begriff des Repräsentanzenmodells vorziehen.

spektiven auf die Psychodynamik unserer Patientinnen[104]. Zumeist lässt sich ihre Psychodynamik nicht nur unter dem Blickwinkel *eines* Modells, sondern vorteilhafter mithilfe *mehrerer* Modelle beschreiben – wenn wir beispielsweise ein unbewusstes pathogenes Konfliktgeschehen vor dem Hintergrund Ich-struktureller Einschränkungen oder eine traumatisch bedingte Störung der Erinnerungsverarbeitung bei gleichzeitig bestehenden Ich-strukturellen Defiziten antreffen. In der Regel erweist es sich als nützlich, sich zunächst dem Aufbau defizitärer Ich-Funktionen zuzuwenden und anschließend entweder nach dem Konfliktmodell oder nach dem Therapiemodell »Schaffung symbolischer Repräsentanzen« zu arbeiten.

Aus dem Gesagten ergeben sich verschiedene Konsequenzen:

1. Dem Grundsatz folgend, dass jede Intervention und jedes Therapieangebot auf ihre Ressourcenfunktion hinsichtlich der Erreichung der vereinbarten Therapieziele zu befragen ist, legt unsere ressourcenorientierte Perspektive eine *Neubewertung verschiedener traditioneller therapeutischer Strategien* nahe. So scheint es sich abzuzeichnen, dass regulierenden Interventionen (▶ Kap. 3.2) offenbar eine weitaus größere Bedeutung zukommt, als traditionelle Behandlungstheorien es angenommen hatten. Entscheidend ist dabei jedoch, dass der Wert einer Maßnahme nie ohne Berücksichtigung des jeweiligen Kontextes und nie ohne die Würdigung der aktuellen Bedürfnislage der Patientinnen beurteilt werden kann. Beispielsweise wird sich die Frage, ob deutende oder selbstwertstärkende Interventionen Vorrang haben sollten oder ob der korrigierenden emotionalen Erfahrung eine größere Bedeutung zuzuerkennen sei als zum Beispiel einer Übertragungsdeutung, nie ohne eine umfassende Würdigung des therapeutischen Kontextes und der besonderen Bedürfnislage der Patientin beantworten lassen. Das bedeutet, dass sich ein schematischer Einsatz einer bestimmten Behandlungstechnik ebenso verbietet wie die unkritische Idealisierung einer Methode. Ebenso wenig hilfreich ist ein blindes Vertrauen, dass eine Methode allein und ohne Würdigung des Kontextes eine therapeutische Wirksamkeit garantiert. Vor allem sollte an einer einmal ge-

---

104 Wenn in diesem Kapitel durchgängig die weibliche Form erscheint, sind gleichwohl alle Geschlechter gemeint.

wählten Methode nicht festgehalten werden, wenn sich andeutet, dass ein Wechsel der Strategie der Patientin die Mitarbeit erleichtern würde.
2. Gleichwohl behält auch bei der Einnahme einer Ressourcenperspektive das uns zur Verfügung stehende *Behandlungswissen* ihren Wert. So gilt weiterhin, dass Patientinnen, die Pathologien auf der Basis unbewusster Konflikte aufweisen – vor allem, wenn sie auf einem höheren Strukturniveau organisiert sind – nach wie vor am besten von konfliktaufdeckenden und deutenden Interventionstechniken profitieren können.[105] Ressourcenbasierte regulierende und Ich-stärkende Interventionen werden weiterhin schwerpunktmäßig bei Patientinnen vor allem mit Ich-strukturellen Störungen und/oder Traumafolgestörungen zum Einsatz kommen.
3. Im Hinblick auf die Behandlung von Patientinnen mit Ich-strukturellen Störungen und Störungen der Repräsentanzenbildung sprechen wir uns für die *Integration therapeutisch wertvoller Interventionen mit Herkunft aus anderen Verfahren oder Schulrichtungen* aus, wenn sie geeignet sind, Lücken im traditionellen psychodynamischen Interventionsrepertoire zu schließen. Ihre Integration halten wir für unbedenklich, wenn (1) sie – vor allem in der Behandlung von Patientinnen mit strukturellen Störungen und Traumafolgestörungen – das Spektrum klassischer psychodynamischer Interventionen ergänzen und (2) ihr Einsatz vor dem Hintergrund des psychodynamischen Beziehungsverständnisses, d. h. unter Berücksichtigung von Übertragung und Gegenübertragung, reflektiert wird. Als Beispiele für eine nutzbringende Anwendung importierter Methoden und Techniken mit Ursprung in anderen Therapieverfahren und -schulen wollen wir die zur Verbesserung der Emotionsregulierung hilfreichen Empfehlungen der Dialektisch-behavioralen Psychotherapie der Borderlinestörung[106] oder auch die Anwendung der Methode EMDR[107] anführen. In aller Regel lassen sich diese Methoden und Techniken problemlos in ein psychodynamisches Therapiekonzept integrieren. Die Anwendung dieser Methoden und

---

105 Wöller W & Kruse J (2024)
106 Linehan MM (2008)
107 EMDR steht für »Eye Movement Desensitization and Reprocessing« (Hofmann 2014; Shapiro 2012).

Techniken wird jedoch dann wirkungslos bleiben, wenn unerkannte negative Übertragungsmuster aktiv sind, unter deren Einfluss unsere Interventionen als nutzlos oder als potenziell schädigend wahrgenommen werden.

4. Im Einzelfall obliegt die *Beurteilung*, ob eine Intervention oder Methode ihre Ressourcenfunktion erfüllt, *allein der Patientin*. Nur sie kann beurteilen, ob sie das angewendete Vorgehen als hilfreich erlebt. Zwar erhöht die Anwendung von Methoden, die ihre Wirksamkeit durch gut kontrollierte empirische Studien belegen konnten, die Wahrscheinlichkeit positiver Effekte – doch vermag keine auf der Basis gruppenstatistischer Auswertungen als evidenzbasiert ausgewiesene Methode einen günstigen Behandlungsverlauf im Einzelfall vorauszusagen. Auch Interventionen, die sich vielfältig als nützlich erwiesen haben, können unter den besonderen Bedingungen des Einzelfalls ihre Wirkung verfehlen, während – wie wir häufiger beobachten konnten – Patientinnen nicht selten intuitiv über ein Gespür verfügen, welcher Weg ihnen am besten gerecht wird.

4.2 Vorzüge einer Ressourcenperspektive für das Modell des unbewussten Konflikts

Wie wir schon angedeutet haben, haben für uns in der Behandlung von Patientinnen, deren Symptomatik wir mit einer unbewussten motivationalen Konfliktdynamik in Zusammenhang bringen, konfliktaufdeckende und deutende Interventionstechniken nach wie vor den größten Stellenwert. Hinweise auf ein unbewusstes Konfliktgeschehen können sich beispielsweise ergeben,

- wenn sich Widersprüche zwischen dem, was eine Patientin sagt, und dem, was sie nonverbal signalisiert, nicht auflösen lassen;

4 Ressourcenorientierung im Konflikt-, Struktur- und Repräsentanzenmodell

- wenn eine Patientin sich ihre eigenen Reaktions- und Verhaltensweisen nicht erklären kann oder nicht versteht, warum bestimmte Abläufe immer wieder scheitern oder zu einem anderen als dem gewünschten Resultat führen;
- wenn Interaktionspartnerinnen ihre Absichten und Wünsche immer wieder verkennen und in einem für die Patientin nicht zuträglichen Sinne reagieren;
- wenn sich unter bestimmten auslösenden Bedingungen bei ihnen eine der Situation nicht angemessene, ungewöhnlich hohe Affektintensität oder Stressbelastung einstellt.

Dennoch kann die Einnahme einer Ressourcenperspektive auch für die Arbeit nach dem Konfliktmodell gewinnbringend sein. Dazu wollen wir die folgenden Überlegungen anführen:

1. Zwar werden wir in der Behandlung von Patientinnen mit einer *unbewussten Konfliktproblematik ohne nennenswerte Ich-strukturelle Einschränkungen* in aller Regel keine zusätzlichen Interventionen zur Anhebung der Stimmungslage oder zur Aktivierung unverfügbar gewordener Bewältigungskompetenzen benötigen. Bei ihnen genügt meist die Bewusstmachung des abgewehrten unbewussten Konflikts, um die Ressourcenpotenziale der Patientinnen freizusetzen. Liegen jedoch zusätzlich zu der unbewussten Konfliktproblematik *ich-strukturelle Defizite* und/oder traumabedingte Persönlichkeitsveränderungen vor, können ressourcenaktivierende Interventionen wie die aktive Schaffung eines positiv getönten und Sicherheit vermittelnden therapeutischen Klimas und die Anwendung regulierender – bestätigender, ermutigender und entlastender – Interventionen erst die Voraussetzungen schaffen, die die Patientinnen brauchen, um sich den unbewussten Konflikten annähern zu können.
2. Eine besondere Chance für die therapeutische Bearbeitung einer unbewussten Konfliktdynamik kann sich ergeben, wenn sich das zentrale Konfliktmuster in der *Unmittelbarkeit der Übertragung* darstellt. Das kann der Fall sein, wenn sich aus einem intrapsychischen Konflikt zwischen einer verbietenden oder entwertenden Instanz der Patientin (einem verbietenden oder entwertenden Anteil ihres »Über-Ichs«) und

ihrem »Ich« in der Übertragung ein interpersoneller Konflikt konstelliert, bei dem uns projektiv die Rolle der verbietenden oder entwertenden Instanz zugewiesen wird, während die Patientin sich unserem verbietenden oder entwertenden Einfluss ohnmächtig ausgeliefert fühlt. Das unmittelbare Erleben einer solchen Übertragung kann in Verbindung mit ihrer nachfolgenden Auflösung ein großes therapeutisches Potenzial bergen. Dieses therapeutische Potenzial nutzen wir, indem wir der klassischen Linie der psychodynamischen Behandlungstheorie folgen: Wenn im Erleben der Patientin an die Stelle der bisherigen negativen Übertragungserwartungen und -ängste das wohltuende Erleben, akzeptiert und wertgeschätzt zu werden, tritt, kann dies bemerkenswerte Effekte auf die Reorganisation ihrer inneren Normenstruktur haben. Anders als in einer analytischen Therapie fördern wir derartige Übertragungen nicht aktiv; wohl aber nutzen wir eine solche Übertragung als willkommene Ressource, wenn sie sich uns anbietet.

3. Im Hinblick auf die *Aufdeckung unbewusster Zusammenhänge* haben wir uns die Frage zu stellen, in welchen klinischen Situationen eine auf diesem therapeutischen Prinzip beruhende Strategie tatsächlich eine Ressource darstellt – und welchen Stellenwert wir der bewussten kognitiven Arbeit zumessen wollen. Dem liegt die Überzeugung zugrunde, dass es kein Selbstzweck sein kann, so viel an unbewussten Zusammenhängen aufzudecken wie möglich. Nicht alle therapeutischen Problemstellungen machen es notwendig, die unbewussten Determinanten des Erlebens und Verhaltens in aller Tiefe auszuloten. Oft benötigen Patientinnen auch einfach unsere Ermutigung, Unterstützung oder sogar Erlaubnis, um ihre Fähigkeit zu logisch-rationalem Denken zu nutzen.

4. Betrachten wir das *Prinzip der freien Assoziation* unter dem Blickwinkel seiner Ressourcenfunktion – d. h. seines Nutzens für die therapeutische Zielerreichung –, so lassen sich seine *Vorzüge und Begrenzungen oder Nachteile* benennen. Ohne Frage kann die Erhellung des assoziativen Umfelds von Symptombildungen Hinweise auf ein unbewusstes Konfliktgeschehen liefern. Neue, bislang ungewohnte Verbindungen können entstehen; festgefahrene Denkwege können verlassen werden; neue Zusammenhänge können sichtbar werden. Gleichwohl ist zu beden-

ken, dass die Methode der freien Assoziation auch in den Dienst der Abwehr treten und der therapeutischen Zielsetzung entgegenwirken kann – mit der Folge, dass Patientinnen sich immer weiter von den relevanten bewussten oder unbewussten Beziehungskonflikten entfernen. Vor allem aber ist zu beachten, dass die Nutzung der freien Assoziation – namentlich bei Patientinnen mit Traumafolgestörungen – das *Grundbedürfnis nach Orientierung und Kontrolle* bedrohen und kontraproduktive Abwehr- und Widerstandsmuster auf dem Plan rufen kann. Liegen manifeste Störungen der Emotionsregulierung vor und ist die Mentalisierungsfunktion unzureichend ausgebildet, gehen wir von einer Kontraindikation für die Anwendung der Methode der freien Assoziation aus. Eine ressourcenorientierte Nutzung der Methode der freien Assoziation sollte also ebenso wie die *Fokussierung unbewusster Inhalte sorgfältig indiziert* sein. Insgesamt erscheint ein gezielter, sparsamer und verantwortungsvoller Umgang mit der Methode zielführender als ihre unreflektierte Anwendung.
5. Aus den letztgenannten Gründen kann die *freie Assoziation* auch nicht die unhinterfragte »Grundregel« einer jeden psychodynamischen Therapie sein; vielmehr bedarf ihre Anwendung einer spezifischen Indikation. Eine solche Indikation besteht nach unserer Auffassung, wenn (1) hinreichend Hinweise dafür vorliegen, dass ein unbewusstes Konfliktgeschehen für die aktuelle Symptomentstehung verantwortlich ist, (2) die Voraussetzungen von Seiten der basalen Ich-Funktionen gegeben sind und (3) das Grundbedürfnis der Patientin nach Orientierung und Kontrolle (▶ Kap. 2.1) ausreichend berücksichtigt wird. Wir können die hierfür nötige Abwägung auf die folgende Formel bringen: So viel Klärung von Zusammenhängen auf der bewussten Ebene wie möglich – und so viel Aufdeckung unbewusster Zusammenhänge wie nötig.
6. Wenn wir die Methode der freien Assoziation als indiziert betrachten, muss ihre Anwendung nicht notwendigerweise mit einem *zurückhaltenden Therapeutinnenverhalten* verbunden sein. Sie kann sehr wohl mit Lebendigkeit und wohlwollender Präsenz vereinbar sein. Auch muss sie keinesfalls für die Dauer der ganzen Therapie zur Anwendung kommen; sie kann auch für einen bestimmten Zeitabschnitt der Therapie oder nur für einen Teil der Therapiesitzung vereinbart werden, wenn dies therapeutisch geboten erscheint.

4.2 Ressourcenperspektive und das Modell des unbewussten Konflikts

7. Eine ähnliche, von einengenden Denkmustern gelöste Haltung möchten wir auch gegenüber dem »*Couch-Setting*« einnehmen. Trotz des viel diskutierten Nachteils, dass die nonverbale Kommunikation der Patientinnen weniger erfasst werden kann, kann das Couch-Setting Patientinnen und Therapeutinnen manche Vorteile bringen, die sich auch außerhalb der analytischen Psychotherapie nutzen lassen[108]: Ohne Ablenkung durch Sinneseindrücke können sich Patientinnen oft besser ihren Einfällen hingeben; Übertragungsfantasien können sich leichter entfalten; schambesetzte Gefühle oder Gedanken können leichter mitgeteilt werden, wenn eine Patientin sich nicht unseren Blicken ausgesetzt fühlen muss. Auch wir können von dem Couch-Setting profitieren: Wir können uns durch den Wegfall des Blickkontakts vom Druck entlastet fühlen, unmittelbar reagieren zu müssen, und uns möglicherweise besser als im Gegenübersitzen der Wahrnehmung unserer Gegenübertragung widmen. Aus unserer Sicht gibt es keinen Grund, die Verwendung des Couch-Settings an ein hochfrequentes Setting zu koppeln. Ebenso wenig muss die Entscheidung für eine Behandlung im Liegen für einen längeren Zeitraum getroffen werden; sie kann auch für einen definierten Abschnitt der Therapie oder auch nur für eine einzelne Sitzung vereinbart werden.

Gelangen wir zu einer abschließenden Reflexion des Umgangs mit *unbewussten Prozessen*, so können wir festhalten, dass ihr Stellenwert auch bei einer ressourcenorientierten Praxis ungemindert hoch ist. Zwar sehen wir die Notwendigkeit, in der Arbeit mit unseren Patientinnen jede Entscheidung für die Aufdeckung unbewusster Zusammenhänge indikationsbezogen zu reflektieren. Doch dürfte in anderer Hinsicht eine Beschäftigung mit unbewussten Prozessen weitaus dringlicher geboten zu sein, als es gemeinhin praktiziert zu werden scheint: Wir sollten – weit mehr als zumeist üblich – die Aufmerksamkeit auf unsere eigenen unbewussten Prozesse lenken, namentlich auf die unserem Bewusstsein entzogenen Aspekte unserer Gegenüber-

---

108 Der Umsetzung dieser Vorschläge sind allerdings durch die Vorgaben der Psychotherapierichtlinien (2009/2018) enge Grenzen gesetzt, da diese die Möglichkeit der Behandlung im Couch-Setting nur im Rahmen einer analytischen Psychotherapie vorsehen.

tragung, an deren Bedeutung kein Zweifel besteht. Wir werden in ▶ Kap. 5.4 näher darauf eingehen.

> **Übersicht 9: Ressourcenperspektive im Modell des unbewussten Konflikts**
>
> - ressourcenaktivierende Interventionen als Voraussetzung für die Arbeit an unbewussten Konflikten bei gleichzeitig bestehenden Ich-strukturellen Störungen
> - indikationsbezogene Reflexion der Aufdeckung unbewusster Zusammenhänge
> - sorgfältige Indikation für den Einsatz der Methode der freien Assoziation
> - ggf. flexiblere Nutzung des Couch-Settings

4.3 Ressourcenaktivierende Interventionen im Rahmen strukturbezogener Arbeit

4.3.1 Allgemeine Aspekte

Wenn wir uns nun der therapeutischen Arbeit nach dem Strukturmodell zuwenden, werden wir sehen, in welchem Umfang wir von der Einnahme einer Ressourcenperspektive profitieren können. Das gilt sowohl für die therapeutische Beziehungsgestaltung wie auch für die Anwendung spezifischer ressourcenaktivierender Methoden und Techniken zur Verbesserung der Selbst- und Beziehungsregulation.

Alles, was wir in ▶ Kap. 3.2 über die uns zufallenden regulierenden Aktivitäten gesagt haben, gilt in der Arbeit mit Ich-strukturell gestörten Patientinnen in besonderem Maße. Beruhigende, validierende, entlastende, ermutigende und den Selbstwert stärkende Interventionen haben hier einen noch größeren Stellenwert als in der Arbeit nach dem Konfliktmo-

4.3 Ressourcenaktivierende Interventionen bei strukturbezogener Arbeit

dell. Brüche in der therapeutischen Beziehung kommen weitaus häufiger vor; bei nicht wenigen Patientinnen sind sie der Normalfall im therapeutischen Alltag. Sie zu identifizieren und zu reparieren, stellt eine anhaltende und gleichzeitig sehr lohnende Herausforderung dar.

Was bedeutet das im Einzelnen?

1. Allgemein gesprochen, besteht strukturbezogene Arbeit darin, unzureichend verfügbare Muster der Selbst- und Beziehungsregulation (wieder) verfügbar zu machen. Eine solche therapeutische Arbeit ist notwendig, weil vor dem Hintergrund einer für die jeweilige Patientin charakteristischen Vulnerabilität – in der Regel als Folge bindungstraumatischer Einflüsse in der Kindheit – und unter aktuellen Belastungsbedingungen automatisch ablaufende Regulationsprozesse ihren Dienst versagen. Oft sind Bewältigungsmuster an ihre Stelle getreten, die unter schwierigen Lebensbedingungen funktional waren, in der aktuellen Situation aber dysfunktional geworden sind.

2. In den wenigsten Fällen gehen wir davon aus, dass die aktuell feststellbaren Ich-Funktionseinschränkungen – im Bereich der Emotionsregulierung, der Impulskontrolle, der Selbst-Objekt-Differenzierung oder der Realitätsprüfung – *dauerhaft* vorhanden gewesen sind und die entsprechenden Kompetenzen von Grund auf neu erlernt werden müssen. Auch wenn die bindungstraumatischen Einflüsse der Kindheit sie geschwächt und gegenwärtig belastende Lebensumstände sie zusätzlich außer Kraft gesetzt haben, können wir dennoch davon ausgehen, dass sie unter anderen Lebensumständen und unter anderen Kontextbedingungen, wenn auch nicht immer optimal, aber doch besser als in der Gegenwart zur Verfügung gestanden haben. Oft können die Umstände, unter denen die aktuell defizitären Ich-Funktionen besser verfügbar waren, in Erinnerung gerufen und die Ich-Funktionen mittels ressourcenaktivierender Techniken so aktiviert werden, dass sie in der Gegenwart genutzt werden können, um aktuelle Belastungen zu bewältigen.

3. Entsprechend sehen wir in der strukturbezogenen psychotherapeutischen Arbeit unsere zentrale Aufgabe darin, (1) zu prüfen, ob die fehlende Kompetenz oder Ich-Funktion zu einem früheren Zeitpunkt oder

unter anderen Lebensumständen einmal – wenn auch nur für eine begrenzte Zeit – zur Verfügung gestanden hatte und (2) die Patientinnen anleiten, die früher einmal vorhandene Kompetenz oder Ich-Funktion für die Bewältigung der aktuellen Belastungen wieder verfügbar zu machen. Darüber hinaus können wir ressourcenorientierte Techniken vermitteln, zum Beispiel ressourcenaktivierende Übungen zur Verbesserung der Emotionsregulierung und Distanzierung von negativen Affekten und Erinnerungen.

4. Da in der Regel *maladaptive Verhaltensmuster* an die Stelle der defizitären Ich-Funktionen getreten sind, wird es auch darum gehen, diese dysfunktionalen Muster zu deaktivieren. Hierzu regen wir die Patientinnen an, nicht nur die Dysfunktionalität und Schädlichkeit, sondern auch die Funktionalität der vertrauten Muster zu betrachten und das Risiko abzuwägen, dem sie sich aussetzen, wenn sie sich auf neue, zwar adaptivere, aber auch weniger vertraute Muster einlassen.

5. Bei der Aktivierung von neuen, adaptiven Mustern der Selbst- und Beziehungsregulation unterscheiden wir systematisch unspezifische und spezifische ressourcenaktivierende Interventionen. *Unspezifische* ressourcenaktivierende Interventionen verwenden wir zur Generierung positiver emotionaler Zustände: Was immer in der Lage ist – ohne selbstschädigend zu sein –, einen Zustand hinreichender positiver Emotionalität herbeizuführen, mag als Ressource gelten. *Spezifische* ressourcenaktivierende Interventionen setzen wir dagegen mit dem Ziel ein, benötigte Kompetenzen oder Ich-Funktionen gezielt zu reaktivieren. Hier gilt das als Ressource, was geeignet ist, genau die gewünschte Kompetenz oder Ich-Funktion zu stärken.

6. Die Aktivierung der neuen Muster der Selbst- und Beziehungsregulation wird nur gelingen, wenn die Patientinnen zu einem *geduldigen Einüben* der neuen Prozeduren bereit sind. Notwendig ist auch ihre Bereitschaft, zunehmend stärker auf die kompensatorischen maladaptiven Muster zu verzichten. Wir brauchen dafür eine geduldige und anhaltend ermutigende Haltung, die die mit der Modifikation implizit gespeicherter Prozeduren verbundene Anstrengung würdigt und die Patientinnen motiviert, in ihrem Bemühen um eine Musteränderung auch bei Rückschlägen nicht nachzulassen.

7. Die Bereitschaft zur aktiven und engagierten Mitwirkung hängt in hohem Maße davon ab, ob sich eine *konstruktive Zusammenarbeit* in der therapeutischen Beziehung entwickeln konnte. Ist hingegen eine *negative Übertragung* aktiv, unter deren Einfluss unsere Bemühungen nicht als hilfreich, sondern als potenziell schädigend oder wir als Personen nicht als unterstützend, sondern als tendenziell bedrohlich wahrgenommen werden, sollten wir zunächst dieses Blockade-Phänomen bearbeiten (▶ Kap. 5.2).

Übersicht 10: Ressourcenaktivierende Techniken im Rahmen strukturbezogener Arbeit

- unspezifische ressourcenaktivierende Maßnahmen zur Generierung positiver emotionaler Zustände
- spezifische ressourcenaktivierende Interventionen mit dem Ziel, früher verfügbare Kompetenzen oder Ich-Funktionen gezielt zu reaktivieren
- aktive Mitwirkung der Patientinnen einfordern
- auf individuelle Bedürfnisse und den Verständnishorizont der Patientin abgestimmte Informationen bereitstellen
- zum Einüben der neuen Prozeduren ermutigen
- Erwartungen an einen Therapiefortschritt an die Möglichkeiten der Patientinnen anpassen

---

4.3.2 Unspezifische ressourcenaktivierende Interventionen zur Generierung positiver emotionaler Zustände

Da bei Strukturpathologien, insbesondere bei Patientinnen mit einem Borderline-Muster, überwiegend negative Emotionen und vor allem undifferenzierte negative Affektzustände das klinische Bild beherrschen, kann es gewinnbringend sein, sich in der gemeinsamen therapeutischen Arbeit zunächst auf die *Generierung positiver emotionaler Zustände* zu konzentrieren. Die Herstellung eines subjektiven Gefühls von Wohlbefinden kann daher ein legitimes Therapieziel sein.

1. Um bei unseren Patientinnen positive emotionale Zustände zu fördern, schlagen wir ihnen zunächst vor, sich an *bereits praktizierte Bewältigungsmuster* zu erinnern. Dazu befragen wir sie, welche Aktivitäten ihnen in der Vergangenheit geholfen haben, negative emotionale Zustände aktiv zu beenden. Ein solches Vorgehen ist deshalb zu empfehlen, weil Patientinnen typischerweise dann, wenn es ihnen schlecht geht, keinen Zugriff auf Verhaltensmuster haben, die ihren Zustand bessern könnten. Die Patientinnen können sich eine Liste geeigneter Aktivitäten anfertigen. Listen, die aus selbst erprobten Verhaltensweisen zusammengestellt wurden, sind in der Regel vorgefertigten Listen vorzuziehen, da sie individuelle Neigungen besser abbilden.
2. Vor allem bei einem traumatischen Hintergrund, jedoch auch darüber hinaus haben sich *ressourcenaktivierende Imaginationen* sehr bewährt. Mit ihrer Hilfe können sich besonders Patientinnen mit komplexen Traumafolgestörungen in ihnen angelegte Ressourcenpotenziale erschließen, zu denen sie sonst wegen ihres negativen Selbstbildes oder aufgrund verinnerlichter Verbote nur schwer Zugang finden würden. Dazu zählen namentlich die Fähigkeiten der Selbstberuhigung, der emotionalen Selbstfürsorge und der Distanzierung von intrusiven negativen Bildern und Emotionen. Die Techniken bedürfen der Anleitung mit der Möglichkeit individueller Modifikationen, die im therapeutischen Dialog erarbeitet werden, und der Bereitschaft zur sorgfältigen Einübung. Als besonders nützlich haben sich die folgenden imaginativen Techniken erwiesen[109]:

– Um Distanz zu belastenden Emotionen und intrusiven Erinnerungsfragmenten herzustellen, hat sich die »*Container*«*-Technik* (oder »*Tresor*«*-Technik*) als leicht vermittelbare und wirksame Technik erwiesen. Sie gestattet ein imaginatives »Wegpacken« von belastenden Erinnerungen oder traumatischen Flashbacks.
– Um positive emotionale Zustände zu fördern, ist z. B. die Imagination eines »*Wohlfühlortes*« (»*sicheren Ortes*«) zu empfehlen. Die Technik

---

109 Reddemann L (2016), Reddemann L & Wöller W (2019), Wöller W et al. (2020)

kann als eine wertvolle Ressource im Dienst der Emotionsregulierung verstanden werden, die ein Gefühl von Wohlbefinden oder Sicherheit vermitteln kann.
– Viele Patientinnen profitieren auch von der Imagination einer »*inneren Helferfigur*«. Bei dieser ebenfalls nützlichen imaginativen Technik erschafft sich die Patientin in der Fantasie ein »nur gutes« Wesen, das in jeglicher Form unterstützt und berät.
3. Als dritte Möglichkeit schätzen wir die *Aktivierung positiver Erinnerungsbilder*, auf die wir im folgenden Abschnitt eingehen wollen.

Übersicht 11: Unspezifische ressourcenaktivierende Interventionen zur Generierung positiver Emotionalität

- Identifikation von Aktivitäten, die in der Vergangenheit geholfen haben, negative emotionale Zustände zu beenden
- Ressourcenaktivierende Imaginationen
- Aktivierung positiver Erinnerungsbilder

4.3.3 Aktivierung positiver Erinnerungsbilder

Als eine besonders wertvolle unspezifische ressourcenaktivierende Technik betrachten wir die Aktivierung positiver Erinnerungsbilder. Sie gestattet es, Erinnerungen an (kleine) Kompetenzerfahrungen und/oder hilfreiche menschliche Begegnungen wiederzubeleben und zur Regulierung der Stimmungslage zu verwenden. Auch positive Erfahrungen mit Tieren oder der Natur können eine solche Funktion übernehmen. Die Aktivierung positiver Erinnerungsbilder gelingt oft leichter als die Arbeit mit Imaginationen, weil sie die Vorstellungskraft der Patientinnen nicht im gleichen Maße beansprucht. Um mögliche Missverständnisse auszuräumen, erwähnen wir, dass die Aktivierung positiver Zustände unter keinen Umständen so verstanden werden darf, als solle persönliches Leid bagatellisiert werden.

Die Technik der Aktivierung positiver Erinnerungsbilder vollzieht sich in vier Schritten:

- Zunächst fordern wir die Patientin auf, eine *Erinnerung* an eine (kleine) Kompetenzerfahrung oder eine hilfreiche menschliche Begegnung (oder eine positive Erfahrung mit einem Tier oder der Natur) in ihrer – möglichst nicht zu fern liegenden – Vergangenheit *aufzufinden*. Wichtig ist die Erläuterung, dass unter Umständen auch sehr kleine und äußerlich unbedeutende Momente positiver Kompetenz- oder Beziehungserfahrung bei entsprechender Aktivierung eine Ressourcenqualität annehmen können. Dabei achten wir darauf, dass der positive Charakter der Erinnerung eine Zeitlang stabil bleibt und nicht durch zu große Nähe zu einer Verlusterfahrung seine Ressourcenqualität verliert. Das wäre der Fall, wenn als Erinnerung eine positive Beziehungserfahrung mit einer Person ausgewählt wird, zu der inzwischen durch Tod oder Trennung kein Kontakt mehr besteht und die Verlusterfahrung emotional noch sehr präsent ist. In diesen Fällen fordern wir die Patientin auf, ein anderes Erinnerungsbild auszuwählen.
- Als zweiten Schritt bitten wir die Patientin, die Szene, auf die sich die positive Erinnerung bezieht, lebendig zu imaginieren. Sie kann sich dazu zum Beispiel ein »Foto« vorstellen, auf dem sie sich selbst im Moment der positiven Kompetenz- oder Beziehungserfahrung mit einem stolzen oder erfreuten Gesichtsausdruck sieht.
- Im dritten Schritt soll die Patientin das positive Gefühl wahrnehmen, das sie *jetzt* beim Gedanken an die Erfahrung von *damals* erlebt.
- Im vierten und letzten Schritt bitten wir die Patientin, auch das *positive Körpergefühl* lebendig zu spüren, das sie *jetzt* beim Gedanken an die positive Erfahrung von *damals* wahrnimmt. Der Beachtung des Körpergefühls liegt die Überzeugung zugrunde, dass jede Ressourcenaktivierung »verkörpert« sein muss, um wirksam zu sein. Sollte die Aktivierung des positiven Körpergefühls Probleme bereiten, müsste die Patientin auf diesen Teilschritt verzichten.
- Optional kann versucht werden, den ressourcenreichen Zustand mithilfe einer Verankerungstechnik noch zu intensivieren. Zur Verankerung eignen sich im Rahmen der energetischen Psychologie entwickelte Klopfprozeduren, bei denen Akupunkturpunkte geklopft oder berührt werden, speziell das Klopfen des »Karatepunkts«[110] oder die sog.

---

110 Zur Verstärkung positiver Vorstellungen oder Sätze eignet sich zum Beispiel das

4.3 Ressourcenaktivierende Interventionen bei strukturbezogener Arbeit

»Schmetterlings-Umarmung«, bei der bilateral abwechselnd ein im Rahmen der Akupunktur gebräuchlicher Punkt berührt wird.[111] Auch bilaterale Stimulationen im Rahmen des EMDR[112] können verwendet werden.

In der Regel können wir den *Ressourcenkontakt* einer Patientin an einem entspannten Körperausdruck oder einem leichten Lächeln im Gesicht erkennen. Bleiben diese Indikatoren eines wirksamen Ressourcenkontaktes aus, suchen wir gemeinsam mit der Patientin nach einer anderen Erinnerung, die einen stabileren Ressourcenkontakt verspricht.

Übersicht 12: Aktivierung positiver Erinnerungsbilder

- stabile Erinnerung an eine (kleine) Kompetenzerfahrung oder eine hilfreiche Begegnung mit einem Menschen oder Tier identifizieren
- die zugehörige Szene lebendig imaginieren
- das dabei im Hier und Jetzt beim Gedanken an die damalige Erfahrung auftretende positive Gefühl wahrnehmen
- das damit verbundene positive Körpergefühl spüren

Den Patientinnen empfehlen wir, ein Ressourcen-Tagebuch zu führen, in das sie nicht nur wichtige in der Therapiesitzung erarbeitete Inhalte eintragen können, sondern auch

- Erinnerungen an Momente eigener Kompetenz oder an positive Begegnungen mit Menschen oder Tieren

---

Klopfen des sogenannten »Karate-Punktes«, eines Punktes, der etwa in der Mitte der äußeren Handkante liegt (Bohne 2010)
111 Bei der »Schmetterlings-Umarmung« (Jarero et al. 2008) werden die Patientinnen angeleitet, die Arme über der Brust kreuzen, so dass die Fingerspitzen unterhalb der Schlüsselbeine liegen. Wie ein Schmetterling bewegen sich die Hände sanft auf und ab und berühren mit den Fingerspitzen seitenwechselnd die Region unter dem Schlüsselbein.
112 z. B. mit 1 bis 2 Sets von 6–6 seitenwechselnden Tappings auf dem Handrücken (Leeds & Korn 2002)

- ermutigende Selbstsuggestionen in Form affirmativer Sätze über die eigene Person
- positive Fantasien künftiger Bewältigungserfahrungen.

Die Patientinnen können ein solches Tagebuch mit sich führen und bei Bedarf immer wieder durchlesen. Patientinnen, die es als hilfreich erleben, auch negative Erfahrungen niederzuschreiben, sollten dafür ein anderes Tagebuch benutzen.

4.3.4 Spezifische ressourcenorientierte Arbeit an Ich-Funktionen

Bei der spezifischen ressourcenorientierten Arbeit an Ich-Funktionen geht es darum, bestimmte Kompetenzen oder Fähigkeiten, die zu einem früheren Zeitpunkt oder unter anderen Umständen einmal verfügbar waren, so zu aktivieren, dass sie in der Gegenwart abgerufen und genutzt werden können. Die Patientinnen können dieses Prinzip auf unterschiedliche Funktionen anwenden: Wenn ihr therapeutisches Ziel darin besteht, die Ich-Funktion der Impulskontrolle zu stärken, können sie in ihrer Vorgeschichte Situationen identifizieren, in denen sie – wenn auch ausnahmsweise – ihre Impulse hinreichend gut kontrollieren konnten. Analoges gilt für die Fähigkeit, eine reflektierende Distanz zum aktuellen Geschehen herzustellen, oder die Ich-Funktion der Selbst-Objekt-Differenzierung, die ihre Fähigkeit bezeichnet, eigene Bedürfnisse, Wünsche und Erwartungen klar von denen anderer Menschen zu unterscheiden. Auch andere Kompetenzen – beispielsweise die Fähigkeiten, sich zu schützen, Nein zu sagen oder eigene Interessen zu vertreten – lassen sich auf diese Weise aktivieren.

Im Einzelnen umfasst die spezifische ressourcenorientierte Arbeit an Ich-Funktionen die folgenden Schritte:

1. Im ersten Schritt bemühen wir uns, bei unseren Patientinnen ein *Verständnis* zu erarbeiten, welche Ich-Funktion unzureichend verfügbar ist und welche kompensatorischen dysfunktionalen Verhaltensweisen an ihre Stelle getreten sind. Wir klären mit den Patientinnen, wie weit bei ihnen der *Wunsch und die Motivation* vorhanden sind, sich ein neues

4.3 Ressourcenaktivierende Interventionen bei strukturbezogener Arbeit

Bewältigungsmuster anzueignen, das das alte dysfunktionale Muster ersetzen kann.
2. Nicht selten ist es notwendig, die Patientinnen auf den dysfunktionalen Charakter ihrer kompensatorischen Verhaltensmuster *aufmerksam zu machen*. Die meisten Patientinnen schätzen es, wenn wir ihnen »selektiv authentisch«[113] mitteilen, welche Verhaltensweisen wir problematisch finden, und auch kritische Rückmeldungen nicht aussparen, vorausgesetzt, es gelingt uns, dies in einer Atmosphäre von Wohlwollen und Unterstützung zu kommunizieren. Die Patientinnen werden am Tonfall unserer Stimme und an unserem Blick erkennen, ob wir es »gut mit ihnen meinen«. Unser authentisches Verhalten ist oft mehr wert als ein Übermaß an Vorsicht. Größte Zurückhaltung ist indessen geboten, wenn wir – unter dem Einfluss einer nicht hinreichend reflektierten negativen Gegenübertragung – aversive Untertöne in unsere Intervention einfließen lassen. In diesem Falle hat die Klärung unserer Gegenübertragung Vorrang.
3. Um den Patientinnen die Entscheidung für eine aktive Mitarbeit bei der Erarbeitung neuer Muster der Selbst- und Beziehungsregulation zu erleichtern, empfehlen wir eine auf ihre individuellen Bedürfnisse und ihren jeweiligen Verständnishorizont abgestimmte *edukative Vorarbeit*. Erläuterungen und Informationen können nicht nur die Mitarbeit der Patientin, sondern auch ihr Selbstwertgefühl und ihre Selbstwirksamkeit stärken. Hilfreich ist dabei die Modellvorstellung, dass sich die alten, heute dysfunktionalen Prozeduren im prozeduralen Gedächtnis »eingegraben« haben und es daher mühevoll, aber auch sehr lohnend ist, an ihrer Stelle neue Prozeduren zu etablieren. Wir ermutigen die Patientinnen auch, sich selbstständig Informationen zu beschaffen. Dies ist so lange unbedenklich, als sie kritisch mit den Informationsangeboten umgehen und gegebenenfalls ihre Fragen und Unklarheiten in den therapeutischen Dialog bringen.
4. Wir machen die Patientinnen mit der Notwendigkeit vertraut, dass nur *geduldiges und manchmal auch mühevolles Einüben* der neuen Prozeduren zum Erfolg führen kann. Auch der Verzicht auf maladaptive Muster kann Anstrengung und Übung erfordern. Wir räumen ein, dass damit

---
113 Heigl-Evers A & Heigl F (1983)

das Wagnis verbunden ist, vertraute Bewältigungsmuster aufzugeben und sich auf neue, noch unbekannte Muster einzulassen. Wir empfehlen den Patientinnen, in der Therapiesitzung erarbeitete Ressourcentechniken im therapiefreien Intervall selbstständig einzuüben und auftretende Schwierigkeiten in der Therapiesitzung zu diskutieren. Da Patientinnen durch das Versagen ihrer Alltagsbewältigung häufig demoralisiert sind, benötigen sie bei allen therapeutischen Schritten unsere stetige *Ermutigung*, sich der mühevollen, aber letztlich lohnenden therapeutischen Arbeit zu widmen. Wir können nicht genug betonen, dass die therapeutische Arbeit an Ich-Funktionen Anstrengung erfordert, sowie die Bereitschaft, sich durch die zu erwartenden Rückschläge nicht entmutigen zu lassen. Dazu ist daher empfehlenswert, die Patientinnen auf eine kleinschrittige Annäherung an das gewünschte Ziel und die Möglichkeit von Schwierigkeiten und Rückschritten einzustimmen, um Erfahrungen des Scheiterns zu vermindern und die Wahrscheinlichkeit von Erfolgserlebnissen zu erhöhen. Oft ist es notwendig, die *Erwartungen an einen Therapiefortschritt an die Möglichkeiten der Patientinnen anzupassen* und erwartete therapeutische Schritte so zu gestalten, dass Erfolgserlebnisse wahrscheinlich und Misserfolge unwahrscheinlich werden.

Übersicht 13: Spezifische ressourcenorientierte Arbeit an Ich-Funktionen

- Verständnis über defizitäre Ich-Funktionen und kompensatorische Muster erarbeiten
- auf den dysfunktionalen Charakter kompensatorischer Verhaltensmuster aufmerksam machen
- Veränderungsmotivation klären
- auf die individuellen Bedürfnisse und den Verständnishorizont der Patientin abgestimmte Informationen bereitstellen
- geduldiges Einüben einfordern
- ermutigende Interventionen
- Erwartungen an die Möglichkeiten der Patientinnen anpassen

4.3.5 Therapeutischer Umgang mit dissoziativen Phänomenen und unzureichend integrierten Persönlichkeitszuständen

Dissoziative Phänomene können auf unterschiedlichen Ebenen psychische und körperliche Funktionen unterbrechen oder außer Kraft setzen. Sie können auch die Gesamtorganisation der Persönlichkeit betreffen und die Integration unterschiedlicher Persönlichkeitszustände behindern. Je nach spezifischer Manifestation werden sich die therapeutischen Zugänge unterscheiden. Dazu mögen die folgenden Hinweise dienen:

1. Wenn dissoziative Symptome die Kontinuität des Bewusstseins und damit auch die Alltagsfunktionalität beeinträchtigen, ist es von zentraler Bedeutung, diese Kontinuität so bald wie möglich wiederherzustellen. Dies gilt vor allem, wenn dissoziative Symptome während der Therapiesitzungen auftreten. So kann ein wiederholt einsetzendes »Wegdriften« während der Therapiesitzung eine produktive therapeutische Arbeit ernsthaft infrage stellen. Ungeachtet ihrer jeweiligen psychodynamischen Funktion fordern wir unsere Patientinnen auf, mit uns gemeinsam dafür zu sorgen, dass dissoziative »Aussetzer« dieser Art nach Möglichkeit unterbleiben. Dazu unterstützen wir die Patientinnen bei der *Reorientierung ins Hier und Jetzt*. Die Hinwendung der Aufmerksamkeit zu äußeren Sinneswahrnehmungen – optisch, haptisch oder olfaktorisch – kann ihnen helfen, ins Hier und Jetzt des Alltagsbewusstseins zurückzukehren oder erst gar nicht in den veränderten Bewusstseinszustand einzutreten. Bewerte Hilfsmittel sind Duftstoffe, ebenso Eiswürfel oder ein Igelball.
2. Da die Patientinnen auch außerhalb der therapeutischen Sitzungen in ihrer Alltagsfunktionalität durch dissoziative »Aussetzer« behindert werden, regen wir sie an, *selbstständig reorientierende Maßnahmen* unter Nutzung der geschilderten Hilfsmittel einzuleiten. Sie brauchen dafür einen klaren Willen, den dissoziativen Zustand zu beenden oder gar nicht erst in einen solchen Zustand einzutreten. Die Patientinnen sollten wissen, dass dies einiger Übung bedarf. Nicht selten erleben sie den Übergang in den veränderten Zustand als so plötzlich und über-

raschend, dass es ihnen nicht möglich ist, seinen Eintritt zu verhindern. Mit einiger Übung können sie jedoch lernen, den beginnenden Eintritt der veränderten Bewusstseinslage wahrzunehmen und rechtzeitig gegenzusteuern. Nach dem Wiedereintreten des Alltagsbewusstseins lohnt sich der Versuch, die Abwehrfunktion der dissoziativen Symptomatik psychodynamisch zu verstehen.

3. Wenn infolge dissoziativer Phänomene die Integration der Persönlichkeit beeinträchtigt ist, kann das Verhalten und Erleben einer Person durch die wechselnde Präsenz nicht ausreichend integrierter Persönlichkeitsanteile in verwirrender Weise wechseln und widersprüchlich werden. Wir sprechen dann von einer *Identitätsstörung oder Identitätsdiffusion*.[114] Eine Aufspaltung der Persönlichkeitsorganisation mit unzureichend integrierten Persönlichkeitszuständen und Persönlichkeitsanteilen findet sich nicht nur bei schweren dissoziativen Störungen, namentlich der kompletten oder inkompletten dissoziativen Identitätsstörung, sondern auch bei schweren Persönlichkeitsstörungen, insbesondere solchen mit einem Borderline-Muster nach ICD-11[115], bei einem Teil der Essstörungen und bei einem Teil der Abhängigkeitserkrankungen.

4. Während in der psychoanalytischen Theorie-Tradition zumeist von Spaltungsphänomenen der Persönlichkeit die Rede ist[116], setzt sich in der Behandlung komplex traumatisierter Patientinnen zunehmend die Konzeption unterschiedlicher *Persönlichkeitsanteile* oder »Ego-States« durch[117]. Auch die neurobiologisch fundierte und therapiepraktisch relevante Theorie der strukturellen Dissoziation der Persönlichkeit[118] nutzt die Konzeption der Persönlichkeitsanteile, wenn sie von »emotionalen« und »anscheinend normalen« Persönlichkeitsanteilen (ursprünglich: »Persönlichkeiten«) spricht. Aus einer ressourcenorientierten Perspektive bietet die Konzeption der Persönlichkeitsanteile für die klinische Arbeit verschiedene Vorteile. Mit ihrer Hilfe ist es beispiels-

---

114 Kernberg OW (2011)
115 WHO (2022)
116 Kernberg OW (1992/2010), Wurmser L (2012)
117 Watkins J & Watkins HH (2012), Wöller W (2013a), S. 454ff.
118 Mattheß H & Nijenhuis E (2013), van der Hart O et al. (2008)

weise möglich, unterschiedliche regressive Zustände als Ausdruck kindlicher, pubertärer oder adoleszenter Persönlichkeitsanteile und Zustände mit »reifem« Gegenwartsbezug als Ausdruck »erwachsener« Persönlichkeitsanteile zu konzipieren und deren Interaktionsmuster zu untersuchen. Praktisch bedeutsam erscheint uns, dass betroffene Patientinnen die Konzeption der Persönlichkeitsanteile offensichtlich als anschaulich und hilfreich erleben und gerne mit ihr arbeiten. Dagegen ist aus unserer Sicht nichts einzuwenden, solange das metaphorische Verständnis dieser »Anteile« gewahrt bleibt und die Gefahr einer Reifizierung ausgeschlossen werden kann.

5. In therapeutischer Hinsicht unterstützen wir die Patientinnen im ersten Schritt darin, eine *bessere Kontrolle über die Wechsel der Persönlichkeitszustände* zu erlangen und die Einflüsse zu identifizieren, die einen Wechsel zu einem anderen Persönlichkeitszustand auslösen. Längerfristig sollte die Fähigkeit der Patientinnen gestärkt werden, sich *flexibel zwischen Selbstzuständen zu bewegen*, um schließlich neue, besser integrierte Selbstzustände zu schaffen.[119]

4.3.6 Symbolisch-imaginative Versorgung innerer Kindanteile

Ein in der Behandlung komplex traumatisierter Patientinnen wichtiges Anwendungsfeld ressourcenorientierten Arbeitens mit Persönlichkeitsanteilen ist die auch als »Selbstfürsorge auf der inneren Bühne« bezeichnete Arbeit mit inneren Kindanteilen. Sie verfolgt das Ziel, dass nicht nur die »erwachsenen«, sondern auch die kindlichen Anteile der Selbstrepräsentanz der Patientin Zuwendung, Stärkung und Wertschätzung erfahren.[120]

Das therapeutische Prinzip besteht darin, dass die Patientin unter unserer Anleitung die Vorstellung des Kindes, das sie selbst einmal war, wachruft und dann mit dem »Kind« in Verbindung tritt, seine unbefriedigten Bedürfnisse erfasst und das »Kind« symbolisch nachbeelternd »auf der inneren Bühne« versorgt. Die Therapeutin nimmt dabei die Rolle eines

---

119 Gast U & Wirtz G (2016), Leutner S & Cronauer E (2022)
120 Wöller W et al. (2020)

»Coaches«, der die Patientin instruiert und unterstützt; die symbolisch versorgende Beziehungsarbeit vollzieht sich zwischen der »erwachsenen« Patientin und dem Kindanteil. Der Vorteil dieses Vorgehens besteht darin, dass die Patientin kindliche Bedürfnisse zulassen und auf der symbolischen Ebene befriedigen kann, ohne in der therapeutischen Beziehung zu regredieren.

Im Einzelnen umfasst die therapeutische Arbeit die folgenden Schritte:

- Zu Beginn klären wir mit der Patientin, ob sie sich vorstellen kann und sich in der Lage fühlt, mit dem »Kind«, das sie selbst einmal war, in Kontakt zu treten, um zu erfahren, welche kindlichen Bedürfnisse unbefriedigt geblieben waren, um das »Kind« anschließend symbolisch nachbeelternd zu versorgen. Je nach dem Alter des Kindes werden die Bedürfnisse und die Möglichkeiten ihrer Befriedigung unterschiedlich ausfallen. Wir erläutern der Patientin, dass es bei der Arbeit mit inneren Kindanteilen *nicht* darum geht, in der Kindheit erfahrene Traumen durchzuarbeiten. Aus diesem Grund soll die Patientin das »Kind« nicht in traumatischen, sondern in typischen Alltagssituationen aufsuchen.
- Wenn die Patientin dies bejaht, wird sie angeleitet, vorsichtig den Kontakt mit dem »Kind« aufzunehmen, seine altersentsprechenden unbefriedigten Bedürfnisse zu erfassen und nach passenden Wegen zu suchen, diesen Bedürfnissen auf symbolische Weise gerecht zu werden. Dies kann *rein imaginativ* geschehen oder auch *konkrete Handlungen* umfassen, die die Patientin in der Vorstellung zusammen mit dem Kindanteil ausführt. Die Möglichkeiten reichen vom »gemeinsamen« Spielen bis zum Betrachten von Bilderbüchern oder kindgerechten Fernsehsendungen. Wenn die Patientin »Kinder« aus unterschiedlichen Lebensphasen versorgen möchte, sollte dies nacheinander geschehen.
- Wichtig ist, dass die Patientin selbst *nicht regrediert* und ihre Alltagsfunktionalität nicht verliert! *Die Patientin darf selbst nicht zum Kind werden!* Sie soll verstehen, dass eine Regression in der therapeutischen Beziehung mit dem Vorgehen *nicht* vereinbar ist. Aus diesem Grunde empfehlen wir der Patientin, die innere Kindarbeit zu *ritualisieren* und dafür eine begrenzte Zeit am Tag bereitzustellen, die den regulären Ablauf ihrer Alltagsverpflichtungen nicht stört.

4.3 Ressourcenaktivierende Interventionen bei strukturbezogener Arbeit

Auch wenn die Arbeit mit den inneren Kindanteilen in der Mehrzahl der Fälle problemlos verläuft und von betroffenen Patientinnen zumeist sehr geschätzt wird, können blockierende Beziehungskonstellationen auftreten. Abgesehen von möglichen Blockadephänomenen auf der Ebene der therapeutischen Beziehung können auch Blockade-Phänomene auf der Ebene der Beziehung zwischen dem »erwachsenen« Teil der Patientin und ihrem Kindanteil auftreten. Wenn wir die Beziehung zwischen der »erwachsenen« Patientin und dem »Kind«, das sie einmal war, in Analogie zur therapeutischen Beziehung konzipieren, können wir von »Übertragungs- und Gegenübertragungsphänomenen auf der inneren Bühne« sprechen[121]:

- So kann die »erwachsene« Patientin aversive Reaktionen auf die Bedürfnisse und vermeintlichen Erwartungen des »Kindes« zeigen, weil sie beispielsweise der Auffassung ist, dem Kind sei eine Mitwirkung bei missbräuchlichen Handlungen vorzuwerfen. Oder sie hat Angst vor zu weit gehenden Ansprüchen des »Kindes«, denen sie sich nicht gewachsen fühlt. In diesem Fall würden wir von einer klärungsbedürftigen *»Gegenübertragung auf der inneren Bühne«* sprechen.
- Auf der anderen Seite kann auch das »Kind« auf die Näheangebote der »Erwachsenen« ängstlich oder abwehrend reagieren, weil es die im Kontakt mit misshandelnden Bezugspersonen erlebten Ängste und Beziehungserwartungen auf die »erwachsene« Patientin »überträgt«. Hier haben wir es mit einer *»Übertragung auf der inneren Bühne«* zu tun.

Beide Blockademuster, die in der Beziehung zwischen der »erwachsenen« Patientin und ihrem Kindanteil auftreten können, können analog zum Umgang mit Blockaden in der therapeutischen Beziehung durchgearbeitet werden.[122]

---

121 Wöller W et al. (2020)
122 Wöller W et al. (2020), S 126 ff.

4.4 Ressourcenorientiertes Arbeiten mit dem »Repräsentanzen-Modell«

4.4.1 Allgemeines zu Störungen der Repräsentanzenbildung

Ein weiteres wichtiges Anwendungsfeld für ein ressourcenorientiertes Intervenieren haben wir vor uns, wenn wir uns nun der Arbeit mit dem Repräsentanzmodell zuwenden.

Unter der Arbeit mit dem Repräsentanzmodell verstehen wir die therapeutische Arbeit mit Störungsbildern, die mit einer Störung der Repräsentanzenbildung einhergehen. Eine solche Pathogenese findet sich typischerweise bei traumatisch bedingten Störungen der Erinnerungsverarbeitung und speziell im Rahmen der Symptomatik einer posttraumatischen Belastungsstörung, bei der Erinnerungsfragmente aus traumatischen Erfahrungen ohne symbolische Repräsentanz in das Alltagsbewusstsein einbrechen. Aber auch andere Störungsbilder können mit einer gestörten Repräsentanzenbildung einhergehen, so zum Beispiel dissoziative Störungen oder Störungsbilder mit meist traumatischem Ursprung, bei denen intensive negative Affekt- oder Körperempfindungen, wie aus dem Zusammenhang gerissen, in das Alltagsleben einbrechen.

Eine Störung der Repräsentanzenbildung findet sich bei den folgenden klinischen Situationen:

- In der Symptomatik der *posttraumatischen Belastungsstörung* können unter der Einwirkung traumassoziierter Alltagsstimuli abgespaltene Erinnerungsfragmente in Form von Intrusionen in die Alltagswelt einbrechen.
- Auch wenn ein Vollbild der posttraumatischen Belastungsstörung klinisch nicht vorliegt, können *Affektzustände mit hoher Intensität* das klinische Bild prägen, namentlich solche, die kognitiv nicht oder nur schwer in den aktuellen Kontext eingeordnet werden können, jedoch mit hoher Stressbelastung einhergehen.

4.4 Ressourcenorientiertes Arbeiten mit dem »Repräsentanzen-Modell«

- Störungen der Repräsentanzenbildung können sich auch in Form von *Körpersymptomen* manifestieren, die als Äquivalente nicht repräsentierter emotionaler Zustände verstanden werden können, besonders dann, wenn ein emotionales Erleben nicht oder nur rudimentär vorhanden ist.
- Schließlich können die Störungen der Repräsentanzenbildung in Form von *dissoziativen Störungen oder Symptombildungen* auftreten, bei denen psychische oder Körperfunktionen unterbrochen sind. Die Funktionsausfälle können sich im Bereich der Erinnerung, der Diskontinuität der Erfahrung, der Wahrnehmung und der Körperfunktionen manifestieren.

Im psychodynamischen Kontext wurden für nicht symbolisierte Zustände unterschiedliche Begriffe geprägt, angefangen vom Begriff der Aktualneurose über die Bezeichnung »Beta-Elemente«[123] bis hin zu der Rede von »unformulierten Erfahrungen«[124]. In neuerer Zeit wird meist von »nicht mentalisierten Zuständen« gesprochen.[125]

Über lange Zeit wurde diskutiert, ob es gerechtfertigt ist, für den Umgang mit der pathogenetischen Bedingung einer gestörten Repräsentanzenbildung ein eigenes psychodynamisches Störungs- und Therapiemodell zu fordern oder ob diese Bedingung und das darauf abgestimmte therapeutische Vorgehen dem Strukturmodell zugeordnet werden sollte. Inzwischen scheint sich die Auffassung durchzusetzen, dass ein weiteres Störungs- und Therapiemodell sinnvoll ist, weil zur Behandlung von Störungen der Erinnerungsverarbeitung und zur Schaffung kohärenter Erinnerungen andere therapeutische Ressourcen benötigt werden als zur Aktivierung und übenden Aneignung zuvor unzureichend verfügbarer Ich-Funktionen. In diesem Zusammenhang wird gern von einem »Traumamodell« gesprochen. Auch wenn wir selbst in früheren Publikationen den Begriff des »Traumamodells« – in Abgrenzung von den Modellen des unbewussten Konflikts (Konfliktmodell) und der strukturellen Einschränkung (Strukturmodell) – verwendet haben, fehlt dieser Bezeichnung nach unserer heutigen Auffassung die notwendige Präzision. Sie könnte

---

123 Bion WR (1962)
124 Stern D (1997)
125 Fonagy P et al. (2011)

nämlich implizieren, dass Störungsbilder, die mit traumatischen Erfahrungen in Zusammenhang gebracht werden, eine Sonderstellung innerhalb der uns geläufigen psychodynamischen Modellbildungen einnähmen und eine Pathogenese aufwiesen, die weder mit dem Konfliktmodell noch mit dem Strukturmodell abbildbar wäre. Sie würde auch suggerieren, dass Therapien, die unter der Perspektive eines solchen »Traumamodells« konzipiert werden, eine grundsätzlich andersartige psychodynamische Behandlungsstrategie erfordern als beispielsweise Konflikt- oder Strukturpathologien – was nach unserer Auffassung nicht zutrifft. Von daher ist es wenig zielführend, uniform von einer Traumapathologie zu sprechen. Die verbreitete Tendenz, Patientinnen alternativ entweder einer Konflikt-, Struktur- oder Trauma-Pathologie zuordnen zu wollen, verkennt die Vielfalt der Verarbeitungsmuster nach traumatischen Erfahrungen.

Tatsächlich können die *Verarbeitungsmodi nach traumatischen Erfahrungen* unterschiedlicher Art sein. Wir plädieren daher dafür, für jede klinische Situation zu entscheiden, ob für uns die Perspektive des unbewussten Konflikts, der ich-funktionellen Einschränkung oder der fehlenden oder unvollständigen Repräsentanzenbildung für die weitere Bearbeitung im Vordergrund stehen sollte.

So macht es einen großen Unterschied, ob einer traumatischen Erfahrung eine symbolische Repräsentanz im autobiografischen Gedächtnis zugeordnet werden kann – oder ob eine Störung der Erinnerungsverarbeitung dazu geführt hat, dass eine symbolische Repräsentanz nicht entstehen konnte. Im ersten Fall ist die Erinnerungsverarbeitung nicht prinzipiell gestört, doch stellen sich wegen der hohen Zahl der unvermeidlich entstehenden intrapsychischen und interpersonellen Konflikte und der vielfältig eingeschränkten Ich-Funktionen zahlreiche therapeutische Aufgaben, die eine Arbeit nach dem Konflikt- oder Strukturmodell erfordern. Wenn jedoch als Folge traumatischer Umstände die Assoziation hoch stressbelasteter Sinneseindrücke mit der Repräsentanzenwelt des Alltags gestört ist, können sich kohärente Erinnerungen nicht ausbilden. Die *Repräsentanzenbildung selbst ist gestört*. Folglich haben wir es mit abgespaltenen – belastenden oder bedrohlichen – Erinnerungsfragmenten oder

4.4 Ressourcenorientiertes Arbeiten mit dem »Repräsentanzen-Modell«

körperlichen Zuständen zu tun, die assoziativ mit traumatischen Erfahrungen verbunden sind.[126]

Worin besteht nun der Beitrag von Interventionen, die auf dem Prinzip der Ressourcenorientierung basieren, gerade bei Störungen der Repräsentanzenbildung? Um die Genese unzureichend repräsentierter psychischer Zustände besser zu verstehen, kann es helfen, sich klarzumachen, dass ein Teil des nicht symbolisch repräsentierten psychischen Materials vor allem deshalb keine symbolische Repräsentanz erfahren hatte, weil es unter beziehungstraumatischen Umständen zu bedrohlich gewesen wäre, Repräsentanzen von Erfahrungen auszubilden, die die dringend benötigte Nähe zu wichtigen Bindungsfiguren infrage gestellt und damit die Kohärenz des Selbst bedroht hätten. Die Assoziation bestimmter psychischer Inhalte mit der Repräsentanzenwelt des Alltags wurde ausgesetzt, um die Alltagsfunktionalität nicht zu gefährden, jedoch um den Preis, dass voll ausgebildete Repräsentationen prägender Beziehungserfahrungen nicht entstehen konnten. Wir können auch sagen, dass die Schaffung kohärenter Repräsentanzen ausgesetzt wurde, weil die für die Integration der traumatischen Erfahrung notwendige Ressourcenpräsenz nicht gegeben war.

Entsprechend sehen wir unsere Aufgabe darin, die therapeutischen Ressourcen bereitzustellen, die notwendig sind, damit der durch die traumatischen Lebensumstände gestörte Prozess der Repräsentanzenbildung nachgeholt werden kann. An die Stelle traumatischer Erinnerungsfragmente oder aus dem Zusammenhang gerissener Affektzustände oder Körpersensationen sollen kohärente Erinnerungen an traumatische Erfahrungen treten, die etwas Abgeschlossenes darstellen, das symbolisch repräsentiert ist und klar der Vergangenheit zugeordnet werden kann; auch wenn sie schmerzhaft sind, werden aber nicht mehr unmittelbar als bedrohlich in der Gegenwart erlebt.

Was bedeutet dies im Einzelnen?

---

126 Wöller (2016b)

1. Die Sicherheit der therapeutischen Beziehung im Hier und Jetzt kann in Verbindung mit unserer wohlwollenden und akzeptierenden Haltung bereits eine wertvolle Ressource sein, die für den Prozess der nachträglichen Repräsentanzenbildung förderlich ist. Aus der Forschung zur Rekonsolidierung von Erinnerungen wissen wir, dass bei jedem Wiederaufrufen einer Erinnerung diese »formbar« wird, wodurch neue Kontextinformationen in sie eingehen und sie emotional färben.[127] Wird die Erinnerung an eine traumatische Erfahrung wiederholt in einer sicherheitsgebenden und wohlwollenden Atmosphäre aufgerufen, können wir davon ausgehen, dass das Bedrohungserleben nachlässt und eine Integration erleichtert wird.

2. Wenn wir es mit *abgespaltenen Erinnerungsfragmenten* mit hoher Stressbelastung zu tun haben – wie dies beispielsweise bei der posttraumatischen Belastungsstörung oder bei traumaassoziierten Belastungsmomenten der Gegenwart (sog. »Triggern«) der Fall ist – bieten sich dazu *traumakonfrontative* Methoden als therapeutische Ressourcen an. Durch die Wiederbelebung der traumatischen Erfahrungen in der sicheren therapeutischen Beziehung kann der zuvor ausgesetzte Prozess der Assoziation der abgespaltenen Erinnerungsfragmente mit der Repräsentanzenwelt des Alltags nachgeholt und die traumatische Stressbelastung vermindert werden. Um diese Prozesse schonend durchzuführen, befürworten wir die Integration von EMDR (»Eye Movement Desensitization and Reprocessing«)[128] in die psychodynamische Arbeit (▶ Kap. 4.4.5).

3. Es gibt auch Hinweise, dass *allein durch ressourcenaktivierende Interventionen* ohne zusätzliche traumakonfrontative Interventionen eine signifikante Reduktion der traumatischen Stressbelastung erreicht werden kann. So führte in einer von uns mitbetreuten Interventionsstudie die konsequente Aktivierung früher verfügbarer Bewältigungsressourcen zu einem signifikanten Rückgang der Symptomatik der posttraumatischen Belastungsstörung.[129] Offensichtlich ist eine durch ressourcenaktivierende Maßnahmen gestärkte Persönlichkeit in der Lage, auch

---

127 Dudai Y & Eisenberg M (2004)
128 Hofmann A (2014), Sack M (2020), Shapiro F (2012)
129 Steinert C et al. (2016)

ohne eine gezielte Wiederbelebung der traumatischen Erinnerungen die Assoziation der abgespaltenen Erinnerungsfragmente mit der Repräsentanzenwelt des Alltags zu fördern.

4. Darüber hinaus können sich symbolisch nicht repräsentierte Zustände traumatischen Ursprungs in *dissoziativen* Symptombildungen oder auch in Form *intensiver negativer Affektzustände* oder Körpersymptomen manifestieren. Bei allen Interventionen, die darauf abzielen, diese Zustände oder Körpersymptome mit einer symbolischen Repräsentanz zu verbinden, trägt eine Sicherheit gebende therapeutische Beziehung in Verbindung mit ressourcenaktivierenden Interventionen am ehesten dazu bei, dass traumatische Erinnerungen eine symbolische Repräsentanz erhalten können.[130]

4.4.2 Indikationskriterien für den Einsatz traumakonfrontativer Methoden

Traumakonfrontative Methoden können wertvolle therapeutische Ressourcen zur Reintegration abgespaltener Erinnerungsfragmente sein. Ihr Einsatz erfordert jedoch eine sorgfältige Indikationsstellung und Überlegungen zur Wahl der anzuwendenden Methode.

Für die Anwendung *traumakonfrontativer Methoden* gilt allgemein, dass (1) Stabilität im Sinne von Alltagsfunktionalität bestehen und (2) die Patientinnen keinen potenziell retraumatisierenden Täterkontakten ausgesetzt sein sollten. Nach unserer Auffassung sollten sie darüber hinaus mindestens eine ressourcenorientierte Technik zur Stabilisierung ihrer Emotionsregulierung beherrschen (▶ Kap. 4.3.2).

Auch wenn diese Voraussetzungen erfüllt sind, ist bei der Wahl der anzuwendenden Methode zu bedenken, dass die Patientinnen für ein traumakonfrontatives Vorgehen unterschiedliche Voraussetzungen mitbringen. Die Unterschiede können betreffen:

---

130 Levine HB (2014), Wöller W (2020)

- die Art der Traumatisierung: ob diese personaler oder apersonaler Art ist
- bei personalen Traumatisierungen: ob diese intra- oder extrafamiliär geschehen sind, insbesondere ob Misshandlungen oder Übergriffe von nahen Bezugspersonen verübt wurden
- die Frage, inwieweit sich die traumatischen Erinnerungen als abgrenzbare Ereignisse beschreiben lassen, die einen Anfang und ein Ende haben, oder ob wir es mit kumulativen Traumatisierungen und einer Atmosphäre anhaltender Bedrohung oder Vernachlässigung zu tun haben
- die Relation von Traumatisierungen und Ressourcen: in welcher Relation das Ausmaß der erlittenen Traumatisierungen zu den Bewältigungskompetenzen und positiven Beziehungserfahrungen der Patientinnen stehen
- wie der Ressourcenzugang und die Qualität der Emotionsregulierung der Patientinnen zum Zeitpunkt der therapeutischen Intervention beschaffen ist.

Grundsätzlich stehen uns unterschiedliche traumakonfrontative Methoden zur Verfügung, die sich vor allem darin unterscheiden, in welchem Maße sie neben traumakonfrontativen auch ressourcenaktivierende Elemente enthalten. Dazu mögen die folgenden Hinweise beitragen:

1. Je *abwehrstabiler und ressourcenstärker* die Persönlichkeit, je umschriebener die Traumatisierung, je klarer die Traumaerinnerung und je weniger das Bindungssystem involviert ist, desto zügiger können traumakonfrontative Interventionen zur Anwendung kommen. Patientinnen mit einem ausreichend starken Ressourcen-Netzwerk sind in der Lage, abgespaltene Erinnerungsfragmente so mit der Repräsentanzenwelt der Gegenwart zu assoziieren, dass vollständige Erinnerungen entstehen, die als Teil der Vergangenheit und als nicht mehr unmittelbar bedrohlich erlebt werden.
2. Umgekehrt gilt: Je *abwehr- und ressourcenschwächer* die Persönlichkeit organisiert ist, je ausgedehnter, kumulativer und umfassender die Traumatisierungen in der Vorgeschichte sind und je mehr sie vor einem Hintergrund emotionaler Vernachlässigung geschehen sind, desto kleinschrittiger und vorsichtiger sollte ein traumakonfrontatives Vorgehen geplant werden. Da die Ressourcenausstattung dieser Patientin-

4.4 Ressourcenorientiertes Arbeiten mit dem »Repräsentanzen-Modell«

nen – besonders im Kontrast zur Massivität der erlittenen Traumatisierungen – meist gering und ihre Fähigkeit, die traumatischen Erinnerungsfragmente mit der Repräsentanzenwelt des Alltags zu assoziieren, äußerst begrenzt ist, sollten traumakonfrontative Interventionen fraktioniert und mit – unter Umständen intensiven – ressourcenstärkenden Interventionen kombiniert werden.

3. Ein besonders behutsames Vorgehen empfiehlt sich bei intrafamiliären Traumatisierungen durch Personen, die gleichzeitig Bindungsfiguren waren. Hier können Konfrontationsbehandlungen im ungünstigen Fall unlösbare intrapsychische Konflikte zwischen Bindungs- und Abgrenzungsbedürfnissen erzeugen. Alternativ oder ergänzend ist hier an die symbolisch nachbeelternde Arbeit mit inneren Kindanteilen zu denken, die bei dieser Patientinnengruppe unter Umständen einem schwierigen traumakonfrontativen Vorgehen überlegen sein kann (▶ Kap. 4.4.5). Bei extrafamiliären Traumatisierungen können traumakonfrontative Methoden zügiger eingesetzt werden.

4. Besondere *Vorsicht* ist auch bei ausgeprägter *dissoziativer Komorbidität* und nur unscharf erinnerten Traumatisierungen geboten, da bei einer Durchbrechung der dissoziativen Barriere mit einer Überflutung durch traumatisches Material gerechnet werden muss. Eine sorgfältige Dissoziations-Diagnostik sollte daher jeder traumakonfrontativen Intervention vorausgehen.

5. Nicht immer ist es notwendig und hilfreich, die Ursprungstraumen zu bearbeiten. Auch die Arbeit an »peripheren Ausläufern«, zum Beispiel an aktuellen traumaassoziierten Belastungen (»Triggern«), kann eine erhebliche Entlastung von traumatischem Stresserleben bringen. Wir machen uns diesen Sachverhalt bei der Bearbeitung traumaassoziierter Stressoren der Gegenwart oder der nahen Zukunft mithilfe der »Stress-Absorptions-Technik« zunutze (▶ Kap. 4.4.3).

6. Aus den geschilderten Gründen beginnen wir die traumakonfrontative Arbeit bei komplex traumatisierten Patientinnen, insbesondere solchen mit intrafamiliären Traumatisierungen, in der Regel nicht mit der Bearbeitung von Traumen der Kindheit, vor allem nicht mit solchen, die kumulativ, ohne klare Begrenzung durch Anfang und Ende und in einer Atmosphäre anhaltender emotionaler Vernachlässigung oder Bedrohung stattgefunden haben. Stattdessen beginnt unsere Arbeit mit

klar abgegrenzten und gut erinnerten Traumatisierungen der jüngeren Vergangenheit oder mit *traumaassoziierten Belastungen der Gegenwart oder der nahen Zukunft,* die meist einen hohen Leidensdruck aufweisen und traumatherapeutisch leichter als jene zu bearbeiten sind. Bei ihnen ist das Risiko einer unkontrollierbaren Stimulation weitverzweigter und nicht überschaubarer Traumanetzwerke mit nachfolgender Überflutung durch traumatisches Material deutlich geringer als bei frühen und unscharf erinnerten Traumen der Kindheit.

7. Allgemein gilt: Wir können die Sicherheit des therapeutischen Vorgehens deutlich erhöhen und das Risiko einer Überflutung durch traumatisches Material signifikant absenken, wenn wir die traumakonfrontative Arbeit durch vorangehende oder begleitende ressourcenaktivierende Interventionen »abpuffern«.

Übersicht 14: Prinzipien ressourcenorientierter psychodynamisch-traumakonfrontativer Behandlung

- Alltagsstabilität
- kein Täterkontakt mit Retraumatisierungsrisiko
- Beginn mit klar abgegrenzten und gut erinnerten Traumatisierungen der jüngeren Vergangenheit oder mit traumaassoziierten Belastungen der Gegenwart oder nahen Zukunft
- Wahl der traumakonfrontativen Methode in Abhängigkeit von der Qualität der aktuellen Emotionsregulierung und der Ressourcenstärke
- vorsichtiges und kleinschrittiges Vorgehen bei unscharfen – weil zumindest teilweise dissoziativ abgewehrten – Erinnerungen
- besondere Vorsicht bei ausgedehnten, kumulativen und umfassenden, in der Regel intrafamiliären Traumatisierungen durch Bindungsfiguren

4.4.3 Stressreduktion und Stärkung der Bewältigungsfähigkeit bei traumaassoziierten Belastungen der Gegenwart oder nahen Zukunft

Wenn eine Alltagssituation der Gegenwart oder der nahen Zukunft durch ihre assoziative Nähe zu kindheitstraumatischen Erfahrungen eine ungewöhnlich hohe und oft traumawertige Stressbelastung hervorruft, empfehlen wir ein Vorgehen, bei dem die Stressbelastung ausschließlich mithilfe einer ressourcenaktivierenden Technik verringert wird. Die unter dem Begriff der »Stress-Absorptions-Technik« bekannt gewordene Methode wurde als ressourcenorientierte Variante des traumatherapeutischen Verfahrens EMDR (▶ Kap. 4.3.6) entwickelt.[131] Sie kann jedoch auch außerhalb des EMDR-Kontextes und ohne die Anwendung bilateraler Stimulation angewendet werden.

Die Methode gestattet eine Reduktion des durch die traumaassoziierte Alltagssituation hervorgerufenen Stresserlebens, ohne dass eine weitergehende konfrontative Behandlung notwendig ist. Eine Konfrontation mit dem Stressor erfolgt lediglich zu Beginn und am Ende der Prozedur, und das auch nur jeweils für einen kurzen Moment. Alle anderen Schritte des Vorgehens sind der Aktivierung von Bewältigungsressourcen gewidmet. Auf diese Weise ist die Methode auch bei labiler Emotionsregulierung ausgesprochen sicher. Jedoch setzt ihre Anwendung voraus, dass die Patientinnen sich bereits mit der Reaktivierung von Erinnerungen an eigene Kompetenzerfahrungen auseinandergesetzt haben und in der Lage sind, die beim Gedanken an diese Erfahrungen einsetzenden positiven Gefühle und Körperempfindungen lebendig zu spüren (▶ Kap. 4.3.2).

Therapeutinnen, die häufig Patientinnen mit komplexen Traumafolgestörungen und Persönlichkeitsstörungen behandeln, schätzen die »Stress-Absorptions-Technik« nicht nur wegen ihrer Effizienz und Sicherheit, sondern auch, weil sie eingesetzt werden kann, um auszuloten, inwieweit den Patientinnen die für eine weitere traumakonfrontative Arbeit notwendige Ressourcenmobilisierung gelingt.

---

131 Korn D & Leeds A (2002), modifiziert nach Hofmann (2014)

Das Vorgehen lässt sich wie folgt zusammenfassen:

- Zunächst bitten wir die Patientin, die mit hoher Stressbelastung verbundene, in der Regel traumaassoziierte Alltagssituation zu identifizieren.
- Sie soll dann die mit dieser Alltagssituation verbundene subjektive Stressbelastung auf einer Skala zur Erfassung der subjektiven Stressbelastung (SUD-Skala)[132] einschätzen.
- Danach ermitteln wir gemeinsam mit ihr die Bewältigungsressourcen oder Kompetenzen, die notwendig sind, um die durch diese Situation hervorgerufene Stressbelastung zu reduzieren. Es hat sich bewährt, drei Bewältigungskompetenzen zu identifizieren – zum Beispiel Selbstbewusstsein, Mut, Gelassenheit, Zuversicht usw.
- Anschließend sucht die Patientin in ihrer Lebensgeschichte für jede der drei benötigten Bewältigungskompetenzen die Erinnerung an eine Situation auf, in der die jeweilige Bewältigungsressource einmal zur Verfügung gestanden hatte.
- Wie bei dem bereits geschilderten Vorgehen bei der Aktivierung positiver Erinnerungsbilder (▶ Kap. 4.3.3) wird die Patientin gebeten, diese Erinnerung lebendig zu imaginieren und das in der Gegenwart beim Gedanken an die damalige Erfahrung auftretende positive Gefühl sowie die ebenfalls damit verbundene positive Körpersensation wahrzunehmen. Der positive emotionale Zustand kann mit einer Verankerungstechnik (▶ Kap. 4.3.3) noch intensiviert werden.
- Die Patientin wiederholt das Vorgehen nun mit der zweiten und dritten Ressource.
- Nachdem auch bei diesen Ressourcen die positiven Gefühle und Körperempfindungen aktiviert werden konnten, wird die Patientin aufgefordert, aus den drei erzeugten positiven Körpergefühlen ein kombiniertes positives Körpergefühl herzustellen und dieses intensiv und lebendig zu spüren.

---

132 Bei der 10-stufigen SUD-Skala (Subjective Unit of Distress, Wolpe 1969) bedeutet null gar keine Stressbelastung und 10 die maximal vorstellbare Stressbelastung.

4.4 Ressourcenorientiertes Arbeiten mit dem »Repräsentanzen-Modell«

- Mit diesem Körpergefühl ausgestattet, soll sie abschließend ihre Aufmerksamkeit wieder auf die belastende Situation in der Gegenwart oder nahen Zukunft richten und die beim Gedanken an sie auftretende subjektive Belastung erneut auf der 10-stufigen SUD-Skala einschätzen. In aller Regel ist der subjektive Belastungsgrad dann signifikant gesunken.

Die folgenden Fragen und Instruktionen eignen sich zur Anleitung der Stress-Absorptions-Technik:

- An welcher belastenden Situation der Gegenwart oder der nahen Zukunft möchten Sie arbeiten?
- Wie hoch ist Ihre subjektive Belastung beim Gedanken an diese Situation? Schätzen Sie Ihre Belastung auf einer Skala von 1–10 ein, wobei »0« keine Belastung und »10« der maximal vorstellbare Belastungsgrad sein soll.
- Welche Fähigkeit(en) oder Ressourcen(n) brauchen Sie, um mit der Belastung besser fertig zu werden? Nennen Sie drei Fähigkeiten (Ressourcen).
- Gab es eine Situation – in den letzten zwei Jahren oder davor – in der Sie bemerkt haben, dass Ihnen die erste der von Ihnen genannten Fähigkeiten (Ressourcen) zur Verfügung gestanden hatte?
- Versuchen Sie ein Erinnerungsbild von dieser Situation – eine Art »inneres Foto – herzustellen. Auf diesem Bild sollten Sie nach Möglichkeit selbst zu sehen sein, am besten auch Ihr zufriedener Gesichtsausdruck angesichts der erfolgreichen Bewältigungserfahrung.
- Versuchen Sie nun, das positive Gefühl, das sich *jetzt* beim Gedanken an die damalige erfolgreiche Bewältigung einstellt, möglichst lebendig zu spüren.
- Versuchen Sie auch das positive Körpergefühl wahrzunehmen, das sich *jetzt* beim Gedanken an die erfolgreiche Bewältigung von damals eingestellt hat. (Falls eine Verankerungstechnik bekannt ist: Versuchen Sie durch die Anwendung dieser Technik das positive Gefühl noch zu verstärken.)
- Praktizieren Sie nun das gleiche Vorgehen mit der zweiten und danach auch mit der dritten Ressource.

- Versuchen Sie nun, die drei positiven Körperempfindungen zu einem kombinierten positiven Körpergefühl zusammenzuführen. (Falls eine Verankerungstechnik bekannt ist: Versuchen Sie durch die Anwendung dieser Technik das positive Gefühl noch zu verstärken.)
- Wenn Sie nun an die aktuelle Belastungssituation denken, wie hoch ist jetzt der subjektive Belastungsgrad auf der gleichen Skala von 0–10?

Übersicht 15: Stressreduktion bei traumaassoziierten Belastungen der Gegenwart oder nahen Zukunft

- Identifikation des Stressors und Einschätzung der Stressbelastung
- Identifikation der dazu notwendigen Bewältigungskompetenzen
- Suche von Situationen in der Vergangenheit, in denen die Bewältigungskompetenzen zur Verfügung gestanden hatten
- Aktivierung von Erinnerungsbildern zu den gelungenen Bewältigungserfahrungen
- Aktivierung der damit verbundenen positiven Gefühle und Körpergefühle
- Erzeugung eines umfassenden positiven Körpergefühls
- erneute Einschätzung der Stressbelastung durch den aktuellen Stressor

---

4.4.4 »Pendel-Technik« zur sicheren traumakonfrontativen Bearbeitung von Traumen der Vergangenheit bei labiler Emotionsregulierung und begrenzter Ressourcenausstattung

Wenn die Patientin eine Stressreduktion beim Gedanken an Traumen der Vergangenheit wünscht, werden wir die Frage nach ihrer aktuellen Ressourcenstärke stellen müssen. Für die Auswahl einer geeigneten Methode benötigen wir eine Einschätzung, ob die Patientin hinsichtlich ihrer emotionalen Stabilität und ihrer aktuellen Ressourcenausstattung bedenkenlos und sicher in der Lage ist, den Prozess der Assoziation der abge-

4.4 Ressourcenorientiertes Arbeiten mit dem »Repräsentanzen-Modell«

spaltenen Erinnerungsfragmente mit der Repräsentanzenwelt des Alltags zu leisten oder ob sie – wovon wir in vielen Fällen ausgehen – von einer zusätzlichen Ressourcenstärkung profitieren kann.

Ist die Repräsentanzenwelt der Gegenwart eher ressourcenschwach und instabil, favorisieren wir – vor allem, wenn die Last der zu integrierenden traumatischen Erinnerungen hoch ist – ein besonders kleinschrittiges Vorgehen und eine zusätzliche Ressourcenstärkung während des Konfrontationsprozesses. Dafür steht uns mit der sogenannten »Pendel-Technik«[133] eine bewährte Methode zur Verfügung, die eine hinreichende Sicherheit gegenüber einer Überflutung durch traumatisches Material bietet. Bei dieser schonenden Konfrontationstechnik kombinieren wir eine wiederholte maximale Ressourcenaktivierung mit einer wiederholten ultrakurzen Stimulation einer traumatischen Erinnerung oder einer aktuellen Belastung. Durch den fortgesetzten Wechsel von ressourcenreichen Zuständen und fein dosierter Traumaexposition kommt es zur schonenden Assoziation der traumatischen Erinnerungsfragmente mit der Repräsentanzenwelt des Alltags und damit zur Reduktion der mit der Erinnerung verbundenen Stressbelastung. Bei Bedarf können die aktivierten Ressourcenzustände mithilfe einer Verankerungstechnik (▶ Kap. 4.3.3) noch intensiviert werden. Dieser Schritt sollte zuvor bereits eingeübt worden sein. Wie bei der schon beschriebenen Stress-Absorptions-Technik (▶ Kap. 4.4.3) sollten die Patientinnen die Generierung positiv getönter Ressourcenzustände bereits zu einem früheren Zeitpunkt eingeübt haben.

Im Einzelnen lässt sich das Vorgehen folgendermaßen darstellen:

- Nachdem wir der Patientin das Vorgehen erläutert haben, klären wir mit ihr, an welcher traumatischen Erinnerung sie arbeiten will. Die Patientin legt den schlimmsten Moment dieser Erinnerung fest und bestimmt den subjektiven Belastungsgrad auf einer Skala von 0 bis 10.
- Im zweiten Schritt bitten wir die Patientin, einen ressourcenreichen Zustand maximal zu aktivieren. Sie kann diesen Zustand durch die Konzentration auf eine positive Erinnerung – an eine wohltuende menschliche Begegnung oder eine eigene Kompetenzerfahrung – oder

---

133 Fine C & Berkowitz A (2001)

mithilfe einer imaginativen Übung herstellen (▶ Kap. 4.3.2). Entscheidend ist, dass sich das damit verbundene positive Gefühl und nach Möglichkeit auch das zugehörige positive Körpergefühl deutlich spürbar einstellt. Der aktivierte Ressourcenzustand kann optional verankert werden (▶ Kap. 4.3.2).

- Danach wird die Patientin gebeten, ultrakurz das traumatische Bild aufzusuchen, zunächst jedoch nur für die Dauer einer Sekunde. Wir begleiten diese kurze Expositionszeit, indem wir, für die Patientin deutlich vernehmbar, rückwärts zählen: »1–0 raus« oder »1–0 Ende«.
- Die Patientin verlässt dann unmittelbar den Trauma-Zustand und wendet sich mit voller Konzentration nun wieder dem Ressourcenzustand zu. Wenn nötig, kann sie Reste des verbliebenen Traumabildes zum Beispiel mithilfe der »Container«-Technik (▶ Kap. 4.3.2) »wegpacken« oder in der Vorstellung auf räumliche Distanz bringen.
- Erst nachdem der Ressourcenzustand vollumfänglich und stabil wieder aufgebaut wurde, kann eine erneute ultrakurze Traumaexposition erfolgen.
- Das »Pendeln« zwischen ausgiebiger Ressourcenaktivierung und ultrakurzer Traumaexposition wird nun mit vorsichtig gesteigerter Expositionsdauer – auf 2, 3, 5 bis maximal 10 Sekunden – so lange wiederholt, bis die Patientin eine spürbare Reduktion des Belastungsgrades der traumatischen Erinnerung angibt.

4.4.5 EMDR

Haben wir es schließlich mit Patientinnen zu tun, die über eine ausreichende Emotionsregulierung, eine abwehrstabile Persönlichkeit und eine hinreichende Ressourcenstärke verfügen, steht uns mit dem Standardprotokoll des EMDR eine weitere, äußerst wertvolle therapeutische Ressource zur Verfügung.[134] Die deutschen Psychotherapie-Richtlinien[135] gestatten es ausdrücklich, EMDR beim Vorliegen der Symptomatik einer posttraumatischen Belastungsstörung in eine tiefenpsychologische oder

---

134 Hofmann A (2014), Shapiro F (2012)
135 Psychotherapie-Richtlinien (2009/2018)

analytische Therapie zu integrieren. Aus klinischer Sicht betrachten wir allerdings die Einschränkung auf das Vorliegen dieser Diagnose als Nachteil, da inzwischen genügend Evidenz vorliegt, dass EMDR nicht nur beim Vorliegen einer posttraumatischen Belastungsstörung wirksam ist, sondern auch bei traumaassoziierten Belastungen und Stressoren der Gegenwart oder nahen Zukunft wirkungsvoll zur Stressreduktion und auch bei anderen traumaassoziierten Störungen – wie Schmerzstörungen oder Suchterkrankungen – zur Symptomreduktion beitragen kann.

Der *Ablauf einer EMDR-Sitzung* nach dem Standardprotokoll lässt sich vereinfacht wie folgt zusammenfassen: Zu Beginn wird der schlimmste Moment einer traumatischen Erinnerung samt der mit ihm verbundenen Emotionen, Kognitionen und Körpersensationen festgelegt. Von diesem Erinnerungsbild ausgehend, folgt die Patientin dem von bilateralen Stimulationen der Therapeutin begleiteten EMDR-Prozess. Die bilaterale Stimulation erfolgt üblicherweise mittels seitenwechselnder Augenbewegungen; sie kann jedoch auch durch seitenwechselnde Berührungen – zum Beispiel der Handrücken, Oberschenkel oder Knie – oder auch durch akustische Signale herbeigeführt werden. Der Prozess wird so lange fortgesetzt, bis mit der bearbeiteten Erinnerung keine traumatische Stressbelastung mehr verbunden ist und aus der negativen selbstbezogenen Kognition eine positive Selbstkognition geworden ist.

Als Alternative zum EMDR kommt bei ausreichend guter Emotionsregulierung auch eine imaginative Screen-Technik in Betracht. Bei dieser Methode wird die Szene der traumatischen Erfahrung in Begleitung der Therapeutin wie ein traumatischer »Film« in wiederholten Durchgängen und mit zunehmender emotionaler Intensität auf einer imaginären Leinwand betrachtet, bis die von dem »Film« ausgehende Stressbelastung spürbar zurückgegangen ist.

4.4.6 Differenzialindikation schonender traumakonfrontativer Methoden im psychodynamischen Behandlungskontext

Beim Versuch, Kriterien für die Differenzialindikation der dargestellten Methoden aufzustellen, können wir berücksichtigen: (1) die Sicherheit der

Methode im Hinblick auf eine mögliche Überflutung durch traumatische Erinnerungen bzw. (2) die Wirksamkeit der Methode hinsichtlich der Fähigkeit, Traumen der Vergangenheit mit der Repräsentanzenwelt des Alltags zu assoziieren.

- Eine maximale Sicherheit im Hinblick auf eine mögliche Überflutung durch traumatische Erinnerungen bietet die *Stress-Absorptions-Technik*. Allerdings beschränkt sich ihre Anwendung auf die Bearbeitung traumaassoziierter Belastungen der Gegenwart und nahen Zukunft. Hier erweist sie sich nach unserer Erfahrung als eine sehr effektive Methode zur Reduktion des subjektiven Belastungserlebens.
- Die beste Wirksamkeit bei der Assoziation traumatischer Erinnerungsfragmente von Traumen der Vergangenheit finden wir beim Standardprotokolls des *EMDR* oder alternativ bei der *Screen-Technik*. Bei der Anwendung dieser Methoden sollte jedoch eine hinreichend stabile Emotionsregulierung gegeben sein.
- Die »*Pendel-Technik*« nimmt eine Mittelstellung zwischen diesen Methoden ein. Sie bietet eine ausreichende Sicherheit gegenüber einer möglichen Überflutung durch traumatische Erinnerungen und kann hinsichtlich ihrer Fähigkeit, Traumen der Vergangenheit zu prozessieren, als ausreichend effektiv angesehen werden.

4.3.7 Therapeutischer Umgang mit weiteren nicht symbolisch repräsentierten psychischen Zuständen

Wie schon erwähnt, können sich unzureichend repräsentierte psychische Zustände traumatischer Herkunft auch als intensive, undifferenziert negative Affektzustände manifestieren oder in Gestalt somatoformer Symptombildungen in Erscheinung treten, wobei ein direkter Zusammenhang mit traumatischen Erinnerungen oft nicht auf den ersten Blick erkennbar ist.

In diesen Fällen wird vor allem ein beruhigendes, Sicherheit vermittelndes und von positiver Emotionalität getragenes aktuelles Beziehungsumfeld die Ressourcenstärkung liefern können, die notwendig ist, um den

4.4 Ressourcenorientiertes Arbeiten mit dem »Repräsentanzen-Modell«

Prozess einer Repräsentanzenbildung anzustoßen. Nicht selten gelingt es auf dem Wege einer Stärkung der Selbstrepräsentanz, die wegen ihrer Bedrohlichkeit abgespaltenen Inhalte zu integrieren und ihnen eine symbolische Repräsentanz zu verleihen. Praktisch wird es vor allem auf eine gute emotionale Resonanz und eine gleichzeitig beruhigende, akzeptierende, Wohlwollen und Zuversicht vermittelnde therapeutische Haltung ankommen. Durch unsere Bereitschaft, das nicht Fassbare geduldig anzunehmen und das nicht repräsentierte Material schrittweise mit Bedeutung anzureichern, können wir unseren Patientinnen als »Entwicklungsobjekt«[136] oder als »Transformationsobjekt«[137] zur Verfügung stehen.

Oft wird unterschätzt, welche Bedeutung bei diesen Prozessen der nonverbalen Kommunikation zukommt, vor allem, welche Rolle unsere Stimme und unser Gesichtsausdruck bei der Entwicklung der Symbolisierungsfähigkeit spielen. Viel wird davon abhängen, ob es uns gelingt, mit Worten und nonverbalen Signalen eine beruhigende Atmosphäre von Sicherheit und wohlwollender Akzeptanz zu schaffen. Wenn wir den Patientinnen darüber hinaus klärende Kommentare und sinngebende Konstruktionen zur Verfügung stellen und sie anleiten, Verbindungen zwischen ihren diffusen Körpergefühlen und unbestimmten Empfindungen und ihren Wahrnehmungen von Beziehungsepisoden herzustellen, können an die Stelle irritierender Symptombildungen bedeutungsvolle Konstruktionen treten. Mit deren Hilfe können sie interpersonelle Handlungsabläufe und Beziehungen besser regulieren.[138]

---

136 Loewald H (1986)
137 Bollas C (1987/2014)
138 Killingmo B (2006)

5 Ressourcenorientierter Umgang mit Blockaden des therapeutischen Prozesses

5.1 Blockaden des therapeutischen Prozesses und der Begriff des »Widerstandes«

In ähnlicher Weise, wie wir es schon mit unseren Theorien und Konzepten getan haben, können wir auch die uns geläufigen behandlungstechnischen Begriffe unter dem Blickwinkel ihrer Ressourcenfunktion betrachten. Wir könnten fragen, ob ein bestimmter Begriff der uns vertrauten Theoriesprache in bestmöglicher Weise geeignet ist, unser theoretisches Verständnis einer klinischen Situation zu bereichern und unser therapeutisches Vorhaben zu unterstützen. Mit dieser Blickrichtung wollen wir uns den Begriff des Widerstandes anschauen und dann erläutern, warum wir – entgegen unserer Gewohnheit und auch gegenläufig zur theoriegeschichtlichen Tradition der Psychoanalyse – vorschlagen wollen, den psychodynamischen Begriff »Widerstand« durch »Blockaden des therapeutischen Prozesses« zu ersetzen.

Was wurde in der der psychoanalytischen Theoriegeschichte unter Widerstand verstanden? »Widerstand« ist all das, »was immer die Fortsetzung der Arbeit stört«[139]. In der ursprünglichen triebtheoretischen Sicht wurde als Widerstand alles bezeichnet, was sich dem Ziel entgegenstellte, unbewusste Erinnerungen und Triebwünsche aufzudecken. Der Widerstand galt mithin als ein grundlegendes Element jeder regulären psychoanalytischen Behandlung. Im Verlauf der weiteren Theorieentwicklung wurde die klassische Auffassung von Widerstand in bedeutsamer Weise durch Theo-

---

139 Freud S (1900), S. 521

5.1 Blockaden im therapeutischen Prozess und der »Widerstands«-Begriff

retiker der relationalen und intersubjektiven Psychoanalyse erweitert und ergänzt. Die Schutzfunktion des Widerstandes besteht nach dieser Auffassung darin, das Alltagserleben vor dem Eindringen negativer Emotionalität zu schützen. Er liefert gleichzeitig einen Beitrag zur Aufrechterhaltung des Sicherheits- und Identitätsgefühls.[140] Vor allem wurde der Widerstand nun als eine intersubjektive Schöpfung verstanden. Nicht der Patient[141] produziert den Widerstand – der Widerstand entsteht in der Beziehung zwischen Therapeuten und Patienten[142]. Patienten und Therapeuten tragen gleichermaßen zum Auftreten und zur Aufrechterhaltung von Widerständen bei.

Vor allem der zuletzt genannten, intersubjektiv und relational geprägten Sichtweise können wir vollumfänglich zustimmen – doch repräsentiert sie tatsächlich das allgemein verbreitete Verständnis von Widerstand? Wenn wir davon ausgehen, dass jeder Begriff, den wir in einem therapeutischen Kontext verwenden, über die von ihm ausgehenden Assoziationen immer auch eine bestimmte Beziehungsqualität suggeriert, dann berührt dieser Sachverhalt naturgemäß auch seine Ressourcenfunktion.

Für unser Empfinden suggeriert der traditionelle Widerstandsbegriff – mehr als es dem soeben dargelegten differenzierten Verständnis entspricht –, der Widerstand gehe ausschließlich oder großenteils vom Patienten aus. Wir denken, dass er regelrecht dazu verführen kann, ausbleibende Therapiefortschritte oder gegen die Erreichung der Therapieziele gerichtete Tendenzen in erster Linie Patienten zuzuschreiben, die als »nicht genügend motiviert« oder »nicht kooperativ« erlebt werden – was einer Haltung entspräche, die mit der neueren intersubjektiven und relationalen Auffassung einer gemeinsamen Schöpfung und der von uns vertretenen ressourcenorientierten Haltung nicht vereinbar ist. Wenn wir nun vorgeschlagen, von »Blockaden des therapeutischen Prozesses« statt von Widerstandsphänomenen zu sprechen, steht uns ein Begriff zur Verfügung, der ohne negative emotionale Konnotation auskommt und auch gut im Gesprächskontakt mit Patienten verwendet werden kann. Ob er den

---

140 Thomä H & Kächele H (2006)
141 Wenn in diesem Kapitel durchgängig die männliche Form erscheint, sind gleichwohl alle Geschlechter gemeint.
142 Stolorow R (1994)

traditionellen Widerstandsbegriff ersetzen kann und soll, dürfte zum einen eine Frage der individuellen Präferenz und bevorzugten professionellen Identifikation sein, zum anderen aber auch von seiner Praktikabilität und Ressourcenfunktion abhängen. Ob einem bestimmten Begriff der Status einer Ressource in dem von uns genannten Sinne zukommt, kann lediglich derjenige beurteilen, der ihn in seinem therapeutischen Alltag verwendet.

Tatsächlich können Blockaden des therapeutischen Prozesses aus zahlreichen Gründen entstehen. Wenn wir im Folgenden die Gründe für die Blockaden danach ordnen, ob sie überwiegend vom Patienten oder von uns ausgehen, sollten wir sie dennoch als eine gemeinschaftliche Produktion betrachten.

5.2 Gründe für überwiegend patientenseitige Blockaden des therapeutischen Prozesses

Betrachten wir zunächst überwiegend patientenseitig verstehbare Blockaden des therapeutischen Prozesses, so ergeben sich unterschiedliche Möglichkeiten:

1. Gründe für überwiegend patientenseitige Blockaden können *Ängste oder Schamgefühle* sein, die mit den bearbeiteten Inhalten oder der Beziehung zu uns zusammenhängen. Mit Blockaden dieser Art müssen wir auch dann rechnen, wenn wir uns bemühen, eine Atmosphäre bereitzustellen, in der die Patienten ihre Angst- und auch Schamgefühle spüren und erkunden können und in der auch aggressive Gefühle, Wünsche oder Impulse Platz haben dürfen. Auch die *Angst vor dem Neuen und Unbekannten* kann eine wichtige Ursache von Blockaden sein.
2. Wenn die Therapie als *Bedrohung des bisherigen Lebensarrangements* erlebt wird oder die Unterstützung durch *Angehörige* ungenügend ist, können Blockaden des therapeutischen Prozesses auftreten.

3. Auch *fehlende Kenntnisse über therapieschädigende Verhaltensweisen* können ein Grund für Blockaden sein. Patienten können den Therapieprozess mit einem therapieschädlichen Verhalten blockieren, ohne dass ihnen das Schädigende ihres Verhaltens bewusst ist.
4. Weitaus häufiger als zumeist angenommen spielen *Missverständnisse* eine Rolle. Patienten können unsere Äußerungen oder Anliegen in einem von uns nicht intendierten Sinne missverstehen, ohne dass wir dies vorhersehen oder verhindern könnten.
5. Besonders häufig ist ein negatives *Übertragungserleben* der Grund für eine Blockade in der therapeutischen Beziehung. Die übertragungsbedingte Überzeugung oder Angst des Patienten, von uns übermäßig kritisch und ablehnend wahrgenommen und behandelt zu werden, kann dazu führen, dass er es vermeidet, über problematische Aspekte der therapeutischen Beziehung zu sprechen und Themen vermeidet, von denen er annimmt, dass sie unsere Missbilligung hervorrufen.
6. *Auswirkungen unzureichend integrierter kindlicher Persönlichkeitsanteile* können ebenfalls zu Blockaden im therapeutischen Prozess führen. Identifiziert sich ein Patient mit einem kindlichen Persönlichkeitsanteil, kann sein Denken durch kindliche Denk- und Erlebensmuster geprägt sein. Unter dem Einfluss eines kindlichen Denkmusters können Patienten Schwierigkeiten haben, mit der Begriffswelt der Erwachsenen zurechtzukommen. Kindlich-magisches Denken kann dazu führen, dass wir in der Wahrnehmung des Patienten mit übernatürlichen Fähigkeiten ausgestattet werden. Oder es besteht eine Hemmung, bestimmte Gedanken, Fantasien oder Wünsche zu denken – aus Angst, sie könnten Realität werden. In all diesen Fällen empfiehlt sich die Stärkung der Realitätsorientierung, verbunden mit der Aufforderung, die Perspektive der Erwachsenen-Persönlichkeit einzunehmen. Identifiziert sich ein Patient hingegen mit täternahen Persönlichkeitsanteilen, kann er ein aggressiv-forderndes, entwertendes oder manipulatives Verhalten zeigen. Therapeutisch sind hier Grenzsetzungen erforderlich, ebenso wie der Verweis auf die Notwendigkeit einer kooperativen therapeutischen Beziehung. Auslösend für die Aktivierung eines unzureichend integrierten, nicht an der Alltagsbewältigung orientierten Persönlichkeitsanteils kann eine konflikthafte Lebenssituation oder die Einwirkung traumaassoziierter Alltagsstimuli sein. Auch ein Übertragungserleben,

das assoziativ mit traumatischen Erfahrungen in der Kindheit verknüpft ist, kann zur Aktivierung nicht altersentsprechender Persönlichkeitsanteile führen.
7. Gelegentlich kommt es vor, dass ein Therapiefortschritt nicht erkennbar ist, weil *andere als therapeutische Ziele* in den Vordergrund getreten sind. So kann ein Rentenwunsch bestehen, der die Motivation zur therapeutischen Mitarbeit beeinträchtigt, da ein Therapieerfolg dem Rentenbegehren im Wege stehen würde.

Übersicht 16: Überwiegend patientenseitige Blockaden des therapeutischen Prozesses

- Ängste und Schamgefühle
- Angst vor dem Neuen und Unbekannten
- fehlende Kenntnisse über therapieschädigende Verhaltensweisen
- Missverständnisse
- Übertragung
- unzureichend integrierte kindliche Persönlichkeitsanteile
- therapiefremde Motivationen

Drei Aspekte verdienen noch Beachtung:

1. Was auf den ersten Blick wie eine Blockade des Therapieprozesses aussieht, kann von Patienten eingesetzt werden, um ein *prekäres psychisches Gleichgewicht aufrechtzuerhalten*. Patienten treten gleichsam »auf die Bremse«, wenn sie den subjektiv berechtigten Eindruck haben, eine vertiefte Beschäftigung mit einer Problematik könne sie destabilisieren.
2. In manchen Fällen ist es treffender, von *Handlungsdialogen* als von Blockaden des therapeutischen Prozesses zu sprechen. Das Handeln kann die einzige Möglichkeit sein, die Patienten bleibt, um Botschaften, die der Sprache nicht zugänglich sind, »szenisch« zu kommunizieren.[143] Wenn ein Patient uns zu Beginn einer Therapie mit Fragen überhäuft, kann dies Ausdruck verständlicher Ängste vor dem Unbekannten sein.

---

143 Ermann M (2014)

Der Versuch, die Grenzen der therapeutischen Beziehung in Frage zu stellen oder die Sitzungen zu verlängern, kann ebenso wie die Kontaktaufnahme außerhalb der Sitzungen ohne dringlichen Anlass ein Beziehungsbedürfnis zur Darstellung zu bringen, das anders nicht kommuniziert werden kann.

3. Gelegentlich können klinische Phänomene, die auf den ersten Blick wie Blockaden im Therapieprozess aussehen, auch Ausdruck eines *Therapiefortschritts* sein. Einige Beispiele dafür seien angeführt: So kann es für einen Patienten mit ausgeprägter zwanghafter Persönlichkeit ein progressiver Schritt sein, wenn er erstmalig verspätet zur Sitzung erscheint. Für eine Patientin, die ihrer Mutter über alles, was sie erlebt hatte, im Detail berichten musste, war es wohltuend, ihrem Therapeuten nicht alles mitteilen zu müssen. Ein Patient, der aufgrund seiner beziehungstraumatischen Erfahrungen nur die Möglichkeit hatte, sich den Wünschen anderer anzupassen, konnte mit seinem aversiven Nein zu unseren Vorschlägen eine neue Beziehungserfahrung machen. Bei einem weiteren Patienten war ein machtvolles Auftrumpfen uns gegenüber ein erster Schritt, um Gefühle von Ohnmacht zu überwinden.

5.3 Gründe für überwiegend therapeutenseitige Blockaden des therapeutischen Prozesses

Immer haben wir uns auch die Frage zu stellen, ob wir durch unser Verhalten und durch die Art, wie wir intervenieren, zur Blockade des therapeutischen Prozesses beigetragen haben oder dies weiterhin tun. Therapeutenseitige Gründe für Blockaden im therapeutischen Prozess können vielfältiger Art sein:

1. Oft stellt sich die Frage, ob die *Wahl des therapeutischen Vorgehens* ausreichend gut auf den Patienten abgestimmt ist. Manche Patienten, die

mit der Erwartung, dem Fluss ihrer Assoziationen zu folgen, überfordert sind, könnten eher von leitenden Fragen profitieren. Zuweilen können wir uns fragen, ob wir zu rigide an dem einmal gewählten therapeutischen Vorgehen festgehalten haben oder besser daran getan hätten, die Behandlungsstrategie an die Bedürfnisse des Patienten anzupassen. In der Regel geben die Patienten diskrete oder direkte Hinweise, welches Beziehungsbedürfnis für sie aktuell im Vordergrund steht und welchen Umgang sie sich damit wünschen. Manchmal passt auch der von uns gewählte therapeutische Stil nicht optimal zu den betreffenden Patienten. Manche Patienten ziehen es vor, selbstständig zu arbeiten und Deutungen selbst zu finden, während andere therapeutische Fortschritte eher erzielen, wenn wir sie aktiver anleiten. Einige Patienten schätzen es, wenn wir ihnen aufmerksam zuhören, während andere stärker von unseren präzisierenden Nachfragen und konkreten Vorschlägen profitieren.
2. Nicht selten ist der Veränderungsschritt, der wir von einem Patienten erwarten, zu groß. *Unrealistische Vorstellungen über seine Veränderungsmöglichkeiten* können zu Blockaden im therapeutischen Prozess führen. Hier sollten wir unsere Erwartungen an die Möglichkeiten des Patienten anpassen und für ihn realisierbare Veränderungsschritte formulieren. Es hat sich bewährt, die Patienten zu fragen, worin der kleinstmögliche Schritt »in die richtige Richtung« bestehen könnte.
3. Manchmal war auch die *Abstimmung über das Therapieziel und die gemeinsam zu bewältigenden Aufgaben* nicht ausreichend. Ein Patient kann seine Therapieziele im Verlauf der Behandlung geändert und diese Änderung nicht genügend mitgeteilt haben. Oft gehen wir von implizit erteilten Therapieaufträgen der Patienten aus und leiten daraus unsere Interventionen ab, während für die Patienten zwischenzeitlich andere Problembereiche wichtiger geworden sind.
4. Eine *Fehleinschätzung des ich-strukturellen Niveaus* kann ebenfalls zur Blockade des therapeutischen Prozesses führen. Wir können ein strukturelles Defizit übersehen und eine überwiegend konfliktbedingte Störungsverursachung annehmen. Auch das Umgekehrte kann vorkommen, wenn wir von einem Ich-strukturellen Defizit – oder einer defizitären Mentalisierungsfunktion – ausgehen und so eine die Störung unterhaltende unbewusste Konfliktdynamik verkennen.

5.4 Gegenübertragungsbedingte Blockaden in der therapeutischen Beziehung

5. *Missverständnisse* können entstehen, weil wir es versäumt haben, unser Problemverständnis oder Anliegen klar genug zu kommunizieren. Es kann lohnend sein, sich gelegentlich rückzuversichern, ob die Patienten unsere therapeutischen Botschaften so verstanden haben, wie wir sie gemeint hatten.
6. Wir können uns fragen, ob wir einen *Bruch in der therapeutischen Beziehung übersehen* haben, der das Blockadeverhalten erklären könnte, und Möglichkeiten seiner Reparatur in Betracht ziehen (▶ Kap. 3.4)
7. Schließlich können ungeklärte Aspekte der *Gegenübertragung* zu therapeutenseitigen Blockaden des therapeutischen Prozesses führen (▶ Kap. 5.4).

Übersicht 17: Überwiegend therapeutenseitige Blockaden des therapeutischen Prozesses

- inadäquate Wahl des therapeutischen Vorgehens
- unrealistische Vorstellungen zu Veränderungsmöglichkeiten
- ungenügende Abstimmung über Therapie und Therapieaufgaben
- Fehleinschätzung der ich-strukturellen Niveaus
- Missverständnisse aufgrund unklarer Kommunikation
- Übersehen eines Bruchs in der therapeutischen Beziehung
- ungeklärte Aspekte der Gegenübertragung

5.4 Blockaden in der therapeutischen Beziehung aufgrund ungeklärter Aspekte der Gegenübertragung

Blockaden in der therapeutischen Beziehung können aufgrund ungeklärter Aspekte der Gegenübertragung entstehen. Die Bedeutung der Gegenübertragung können wir auch unter einer ressourcenorientierten Perspektive nicht hoch genug einschätzen. Wir verstehen darunter die Gesamtheit der im Kontakt mit den Patienten auftretenden Gedanken, Gefühle, Fantasien, Handlungsimpulse und Körperempfindungen.[144] Blicken wir in die Geschichte der psychoanalytischen Auffassungen zur Gegenübertragung, so lassen sich die folgenden Entwicklungen ihrer Konzeptualisierung nachzeichnen und im Hinblick auf ihre Konsequenzen für die von uns favorisierte ressourcenorientierte Beziehungsgestaltung bewerten:

1. S. Freud[145] hatte die *Gegenübertragung als ein Hindernis für die psychoanalytische Arbeit* angesehen. Für ihn war sie eine unerwünschte Wirkung der Therapie aufgrund ungelöster Konflikte des Analytikers oder als Folge einer unbewussten Reaktion des Analytikers auf das Übertragungsangebot des Patienten. Diese Sichtweise mag aus heutiger Sicht eine zu enge Perspektive darstellen; sie hat gleichwohl noch immer eine große Bedeutung.
2. Zu einer *Neubewertung der Gegenübertragung* kam es im Rahmen der Objektbeziehungstheorien. Winnicott[146] machte eindrücklich auf die Notwendigkeit aufmerksam, auch negative Emotionen im Kontakt mit Patienten nicht zu verleugnen. Namentlich Gefühle von *Hass*, die Patienten durch ihr Verhalten oder bestimmte Merkmale ihrer Persönlichkeit in uns hervorrufen, sollten wir nicht verleugnen, sondern bewusst wahrnehmen. Die Fähigkeit, Hass auf Patienten empfinden zu dürfen, betrachtete er sogar als Voraussetzung, um sich ihnen liebevoll zuwenden zu können. Wir können dies nur unterstreichen. Aversive Reaktionen auf Patienten bewusst wahrzunehmen, ist allein deshalb lohnend, um sie nicht unbemerkt in Interventionen einfließen zu lassen.
3. Noch einen Schritt weiter in Neubewertung der Gegenübertragung ging Paula Heimann.[147] Ihre Beiträge leiteten ihren viel zitierten Wandel vom »Aschenputtel« zur »Prinzessin« der psychoanalytischen Behand-

---

144 Heimann P (1950/1996)
145 Freud S (1914)
146 Winnicott DW (1949/2008)
147 Heimann P (1950/1996)

5.4 Gegenübertragungsbedingte Blockaden in der therapeutischen Beziehung

lungstechnik ein.[148] Für Heimann wurde die Gegenübertragung zu einem *wertvollen diagnostischen Hilfsmittel*, um Hinweise auf die Art der verinnerlichten Objektbeziehungen und die Interaktionsstile der Patienten zu erhalten. Auch wenn wir die Bedeutung der uns über sie zufließenden diagnostischen Möglichkeiten schätzen, sehen wir auch die *Gefahren einer »Idealisierung«* der Gegenübertragung. Sie kann leicht dazu verleiten, den durch sie vermittelten, vermeintlich »objektiven« Informationsgewinn über die Patienten zu überschätzen und unseren eigenen Beitrag an ihrer Entstehung zu unterschätzen. Vor allem wäre es falsch, aus unserer Gegenübertragung direkte Rückschlüsse auf die Psychodynamik eines Patienten zu ziehen.

4. Zustimmen möchten wir Autoren der *relationalen Psychoanalyse*, denen zufolge die Gegenübertragung – nicht anders als die Übertragung – durch die bewussten und unbewussten Aspekte der Beziehungsdynamik zwischen dem Patienten und uns entsteht – oder, wie relational orientierte Autoren es ausdrücken würden – *»ko-konstruiert«* wird. Beide, der Patient und wir, tragen gleichermaßen zur Gegenübertragung bei. Oft geht die Gegenübertragung sogar der Übertragung voraus. So richtig es vermutlich ist, dass wir im Laufe eines Therapieprozesses dauerhaft in Übertragungs-Gegenübertragungs-Inszenierungen einbezogen werden, können wir uns doch der bei verschiedenen relational geprägten Autoren anzutreffenden Überbewertung dieser Inszenierungen nicht anschließen. Zumindest spielen sie bei einem nicht geringen Anteil unserer Behandlungen allenfalls eine untergeordnete Rolle und behindern unser therapeutisches Vorgehen nicht.

Nach diesem kurzen Ausflug in die Geschichte des psychoanalytischen Verständnisses der Gegenübertragung können wir im Hinblick auf Blockaden des therapeutischen Prozesses Folgendes festhalten:

1. Dass die Wahrnehmung unserer Gegenübertragung eine wertvolle Ressource zur Identifikation von Blockaden des therapeutischen Prozesses sein kann, steht außer Frage. Sie stellt gleichwohl ein komplexes Phänomen dar, das durch *zahlreiche Faktoren* beeinflusst wird. Zwei-

---

148 Thomä H & Kächele H (2006)

fellos reagieren wir mit unserer Gegenübertragung auf Übertragungen unserer Patienten. Doch spielen auch Sympathien und Antipathien gegenüber unseren Patienten eine Rolle, ebenso Aspekte ihres äußeren Erscheinungsbildes und – last not least – unsere eigenen Übertragungen auf die von uns behandelten Patienten. Wegen der Vielfalt dieser Einflüsse verbieten sich aus unserer Sicht voreilige, lediglich auf der Basis der wahrgenommenen Gegenübertragungsreaktion abgeleitete Schlüsse auf die Psychodynamik der Patienten.

2. Von besonderer Bedeutung für das Verständnis von Blockaden des therapeutischen Prozesses sind unbewusste Aspekte unserer Gegenübertragung. Da sie uns naturgemäß nicht unmittelbar zugänglich sind, wird es darauf ankommen, mögliche Risiken für ihre Rolle beim Auftreten von Blockaden zu kennen. Problematische Auswirkungen sind vor allem dann zu erwarten, wenn eigene unbearbeitete biografische Konflikte oder traumatische Erfahrungen auf entsprechende Konflikte oder traumatische Erfahrungen unserer Patienten treffen. Wenn durch die Problematik unserer Patienten unzureichend verarbeitete eigene Konflikte wiederbelebt werden, können wir ein ähnliches Abwehrmuster aktivieren wie sie und ihre Problematik unbewusst der Bearbeitung entziehen. Das Wissen um diese Möglichkeiten und die Antizipation ihres Auftretens können dann wichtige Ressourcen werden, um Blockaden zu vermeiden.

3. Mit Blockaden des therapeutischen Prozesses müssen wir auch dann rechnen, wenn eine größere *Ähnlichkeit der Lebenssituation* des Patienten mit unserer eigenen Lebenswelt besteht. Wir laufen dann Gefahr, von unseren eigenen Erfahrungen auszugehen und irrigerweise zu glauben, dadurch schon Einsicht in seine Psychodynamik erlangt zu haben – oder wir werden bei der Bearbeitung seiner Konflikte und Probleme mehr von unseren eigenen Ängsten und Wünschen als von seiner Bedürfnislage geleitet.

4. Zu wenig Beachtung finden nach unserer Auffassung *Aspekte unserer emotionalen Selbstregulation und Mentalisierungsfunktion.* Beide sind für den erfolgreichen Verlauf einer Psychotherapie nicht minder bedeutsam als unsere fachliche Kompetenz. Sie stellen daher wichtige Ressourcen dar, die in unterschiedlichem Maße verfügbar oder aktivierungsbedürftig sein können. Empirisch lässt sich zeigen, dass der Erfolg psy-

5.4 Gegenübertragungsbedingte Blockaden in der therapeutischen Beziehung

chodynamischer Psychotherapien mit der Mentalisierungsfähigkeit von Therapeuten korreliert.[149] Die Ausprägung der reflektierenden Funktion des Therapeuten korreliert wiederum mit der Qualität der therapeutischen Arbeitsbeziehung und mit der Tiefe der Problembearbeitung aus der Sicht der Patienten. Je besser die Mentalisierungsfunktion des Therapeuten ist, desto höher ist auch die Wahrscheinlichkeit, dass er Brüche der therapeutischen Allianz identifizieren und auflösen kann.[150] Demgegenüber sind Entgleisungen und scheiternde Behandlungsverläufe in der Psychotherapie regelmäßig durch eine verminderte Fähigkeit zur Selbstreflexion der Therapeuten gekennzeichnet.

5. Unsere *Mentalisierungsfunktion* ist abhängig von unserem emotionalen Regulationsniveau und davon, in welchem Maße und mit welchen Mitteln wir unsere eigenen – legitimen – *Grundbedürfnisse* im professionellen Kontext realisieren können. Wir sollten bedenken, dass wir als Psychotherapeuten einer nicht geringen *Belastung* ausgesetzt sind, da wir uns täglich mit intensiven Emotionen, dem Leiden und schwierigen interpersonellen Dynamiken unserer Patienten auseinandersetzen und ein breites Spektrum von Gefühlen – Liebesgefühle und Versorgungswünsche ebenso wie Hass oder Enttäuschung – aushalten müssen. Hinzu kommt, dass unsere Begegnung mit den unbewussten Konflikten des Patienten unsere eigenen unbewussten Konflikte aktiviert. Aus unserer Sicht sollten wir sorgfältig darauf achten, ob unsere emotionale Selbstregulation gefährdet ist, wenn negative Emotionen und Selbstanteile unserer Patienten – vor allem Gefühle der Ohnmacht und Hilflosigkeit, aber auch Scham- und Insuffizienzgefühle – qua projektiver Identifizierung in uns »deponiert« werden (▶ Kap. 5.5).

6. Wir sollten daher ein großes Interesse haben, auch in schwierigen Phasen des Therapieprozesses eine *ausreichende positive Emotionalität* aufrechtzuerhalten. Wir benötigen sie, um unser therapeutisches Potenzial auszuschöpfen und um im Kontakt mit unseren Patienten empathisch bleiben zu können.

7. Uns kann das Wissen helfen, dass wir, ohne es zu bemerken, in die *Reinszenierung eines Beziehungsmusters* einbezogen werden, das eine

---

149 Cologon J et al. (2017)
150 Reading RA et al. (2019)

frühe schädigende Beziehungserfahrung unseres Patienten repräsentiert, und die uns zugewiesene Rolle der schädigenden Bezugsfigur unbewusst mitspielen. Ein derartiges »Mitspielen« auf unserer Seite wird in der Regel dann unschädlich bleiben, wenn wir die Rollenübernahme zeitnah durch Selbstreflexion oder mithilfe einer Supervision erkennen und das Verhaltensmuster auf diese Weise auflösen können. Mit *therapieschädigenden Entwicklungen* müssen wir jedoch dann rechnen, wenn wir es versäumen, das Inszenierungsgeschehen rechtzeitig zu erkennen und das Muster unbemerkt fortsetzen.

8. Um unsere Patienten und uns selbst vor destruktiven Entwicklungen in der therapeutischen Beziehung zu schützen, sollten wir sorgfältig darauf achten, ob wir dazu neigen, zur eigenen emotionalen Regulierung auf *Abwehrmechanismen* – vor allem der Verleugnung oder Rationalisierung – zurückzugreifen, die sich zwar günstig auf unsere eigene Befindlichkeit in der Therapiesituation, aber schädlich auf die therapeutische Beziehung auswirken. Bei entsprechenden Indizien ist es geboten, zügig eine Supervision in Anspruch zu nehmen.

9. Bei der Beurteilung des aktuellen Therapiegeschehens hat es sich bewährt, so oft wie möglich die *Sichtweise unserer Patienten* zu erfragen und ihr Verständnis in die weitere Therapieplanung einzubeziehen. Ein besonderes Merkmal unserer Identität als psychodynamische Psychotherapeuten ist unsere Überzeugung, dass wir in unserer therapeutischen Arbeit immer auch unbewussten Einflüssen ausgesetzt sind und dass wir zu deren Korrektur die Rückmeldung unserer Patienten brauchen. Rückmeldungen oder Kommentare der Patienten zum therapeutischen Prozess betrachten wir daher als wichtiges Korrektiv unseres eigenen Unbewussten.[151]

---

151 Wöller W (2022)

> **Übersicht 18: Blockaden in der therapeutischen Beziehung aufgrund ungeklärter Aspekte der Gegenübertragung**
>
> - Blockaden aufgrund eigener Übertragungen auf Patienten aufgrund ungelöster biografischer Konflikte und/oder eigener unbearbeiteter Traumatisierungen
> - Bedeutung der emotionalen Selbstregulation und Mentalisierungsfunktion von Therapeuten
> - fortlaufender Einbezug der Sichtweise der Patienten
> - Rückmeldungen und Kommentare der Patienten zum therapeutischen Prozess als notwendiges Korrektiv des Unbewussten von Therapeuten

5.5 Ein ressourcenorientierter Umgang mit dem Konzept der projektiven Identifizierung

In diesem Zusammenhang kann die Kenntnis des Mechanismus der projektiven Identifizierung von großem Nutzen sein. Folgen wir Bions[152] Modell des Container-Contained, so bewirkt der Mechanismus der projektiven Identifizierung, dass unerträgliche Emotionen und Impulse zur inneren Druckentlastung in einem Interaktionspartner »deponiert« werden. Die Interaktionspartner erleben die in sie projizierten Emotionen und Impulse typischerweise als ihre eigenen. Bezogen auf die therapeutische Situation sind wir die Interaktionspartner, in denen Patienten ihre unerträglichen Emotionen und Impulse »deponieren«. Entsprechend erleben wir die in uns projizierten Emotionen und Impulse als unsere eigenen. Wir können uns dann ohnmächtig, gelähmt oder unfähig fühlen oder offen-

---

152 Bion WR (1962)

sichtlich irrationale Scham- oder Schuldgefühle empfinden – oder den Impuls spüren, uns zu rechtfertigen, zu entschuldigen oder Vorwürfe gegen die Patienten zu erheben. Es ist offensichtlich, dass durch ein solches projektives Geschehen die therapeutische Beziehung in hohem Maße belastet und unsere Empathiefähigkeit stark beeinträchtigt sein kann.

Nach der von Bion vertretenen Auffassung fällt uns die Aufgabe zu, die in der Regel mit negativen Emotionen und Impulsen verbundenen »unverdauten Beta-Elemente« unserer Patienten so lange in uns aufzubewahren und zu »metabolisieren«, bis wir sie ihnen in einer verträglichen Weise, zum Beispiel auf dem Weg einer für sie passenden Deutung, wieder zur Verfügung stellen können. In dieser Hinsicht schlagen wir vor, eine gegenüber Bions Auffassung andersartige Akzentsetzung vorzunehmen: Für uns besteht das entscheidende *Ressourcenmoment in der sich einstellenden Erkenntnis, dass wir die Quelle der in uns aufsteigenden negativen Emotionalität oder Impulse mit unseren Patienten in Verbindung bringen können*. Bions Empfehlung, das Projizierte nach einer ausreichenden Zeit des »Metabolisierens« den Patienten auf dem Wege einer Deutung wieder zur Verfügung zu stellen, halten wir in den meisten Fällen für verzichtbar.

Allein der Gedanke, dass es sich bei den von uns wahrgenommen negativen Emotionen und Impulsen zumindest zum Teil um deponierte Projektionen des Patienten handeln könnte, kann für uns den Stellenwert einer äußerst wertvollen Ressource haben. Indem wir an die Möglichkeit denken, dass die in uns spürbaren Emotionen oder Handlungsimpulse großenteils von unserem Patienten induziert sein könnten, setzt in uns ein Prozess ein, der es uns gestattet (1) zu den wahrgenommenen negativen Emotionen und Impulsen Distanz herzustellen und (2) wieder zu einer empathischen Haltung gegenüber unserem Patienten zurückzukehren.

Die Restitution unserer professionellen Distanz und Empathie setzt, so unsere Beobachtung, eine »Aufwärtsspirale positiver Emotionalität«[153] in Gang: Sobald sich unser Patient von uns wieder verstanden fühlt, wird sein Projektionsdruck mit hoher Wahrscheinlichkeit nachlassen, und wir werden weniger durch von ihm deponierte Emotionen und Handlungsimpulse belastet sein. Der in uns entstehende emotionale Freiraum gestattet uns einen weiteren Zuwachs an Empathie, was den Projektionsdruck

---

153 Fredrickson BL & Joiner T (2002)

5.5 Ressourcenorientierter Umgang mit der projektiven Identifizierung

weiter vermindern dürfte. Je besser es uns gelingt, eine von Synchronie und positiv getönter Emotionalität geprägte Beziehung wieder herzustellen, desto eher werden die Patienten sich von uns verstanden fühlen und umso weniger werden sie sich gedrängt fühlen, Gefühle von Ohnmacht, Wertlosigkeit und hilfloser Wut auf uns zu projizieren.

Der geschilderte und uns aus zahlreichen Supervisionserfahrungen bestätigte Zusammenhang zwischen Projektionsdruck und Empathie passt zu der Beobachtung von Feldman[154], der darauf hingewiesen hatte, dass die Projektionsneigung eines Patienten umso stärker ist, je weniger er sich von seinem Therapeuten verstanden fühlt. Nicht zuletzt aus diesem Grunde raten wir – namentlich bei Patienten mit ich-strukturellen Störungen – von einem zurückhaltenden und abwartenden Therapeutenverhalten ab, da gerade ein solches Verhalten bei den Patienten leicht Gefühle des Unverstandenseins, der Ohnmacht und des Alleingelassenseins auslöst und den Projektionsdruck ansteigen lassen kann. Stattdessen sind wir bemüht, alles zu tun, was einer Atmosphäre positiver Zusammenarbeit in der therapeutischen Beziehung zuträglich ist. Auch unsere Bereitschaft, *Brüche in der therapeutischen Beziehung* aufzuspüren und baldmöglichst zu reparieren, kann zum Rückgang des Projektionsdrucks beitragen.

Aus ressourcenorientierter Perspektive sollten wir darauf achten, dass wir uns *emotionalen Belastungen durch patientenseitige Projektionen nicht über längere Zeit ungeschützt aussetzen*. Dadurch entsteht nicht nur die Gefahr der Selbstschädigung durch professionelles Burnout; wir müssen auch mit einer Beeinträchtigung unserer therapeutischen Kapazität rechnen. Doch nicht nur das: Je stärker wir derartigen Belastungen in der therapeutischen Beziehung ausgesetzt sind, desto eher besteht die Gefahr, dass wir selbst unbewusst projektive Abwehrmuster mobilisieren und das in uns Projizierte in die Patienten zurückprojizieren. Hier kann sich eine breite Palette ungünstiger Interaktionsmuster ergeben, die nicht nur theoretisch existieren, sondern in schädigenden Therapiebeziehungen vielfach bittere Realität geworden sind: Es kommt immer wieder vor, dass Therapeuten sich gegenüber ihren Patienten vorwurfsvoll verhalten, um sich von den in sie projizierten Schuldgefühlen zu entlasten, oder, um sich von Schamgefühlen zu entlasten, so intervenieren, dass sie ihre Patienten beschämen.

---

154 Feldman M (1999)

Oder sie treten, um den Druck des in sie projizierten Gefühls von Ohnmacht zu mindern, ihnen gegenüber machtvoll auf und machen ihre Patienten auf diese Weise ohnmächtig – allesamt Erlebens- und Verhaltensmuster, die mit hoher Belastung und destruktiven Entwicklungen in der therapeutischen Beziehung verbunden sind.

5.6 Umgang mit fehlender emotionaler Distanz und Transformation der negativen Emotionalität

Wie wir schon mehrfach erwähnt haben, halten wir die Fähigkeit, die Wirkmächtigkeit unbewusster Prozesse in der therapeutischen Beziehung nicht zu leugnen, sondern sie für eine Realität zu halten, mit der es umzugehen gilt, für eine bedeutsame therapeutische Ressource. Was bedeutet das im Einzelnen?

1. Wenn wir anerkennen, dass nicht nur unsere Patienten, sondern auch wir in unseren therapeutischen Beziehungen immer auch durch unbewusste Prozesse beeinflusst werden, können wir diesen Sachverhalt in die Art und Weise unserer Beziehungsgestaltung einbeziehen. Naturgemäß werden wir keine Kontrolle über alle in uns wirksamen unbewussten Prozesse erreichen können. Und dennoch sind wir davon überzeugt, dass uns Spielräume bleiben, die es uns ermöglichen, den Einfluss unbewusster Prozesse auf unser therapeutisches Handeln besser in den Blick zu nehmen und ihren Einfluss zu begrenzen. Resignation vor der Wirkmächtigkeit unbewusster Prozesse sollte ebenso wenig eine Option sein wie deren Leugnung.
2. Wir plädieren dafür, die Existenz und Wirkung unbewusster Einflüsse in Psychotherapien für etwas Normales zu halten, das für den therapeutischen Prozess mal mehr und mal weniger bedeutsam sein kann. Das gilt im Guten wie im Schlechten. In einem guten Sinne können

5.6 Fehlende emotionale Distanz und Transformation negativer Emotionalität

wir in der großen Mehrzahl unserer Behandlungsfälle unserer klinischen Intuition vertrauen und uns zum Nutzen der Patienten von unserem impliziten Beziehungswissen leiten lassen. Gleichzeitig wissen wir, dass sich unbewusste Prozesse auf unserer Seite auch negativ oder sogar schädigend auf den Therapieprozess auswirken können. Das Wissen um diese Möglichkeit braucht uns nicht entmutigen, aber es kann unsere Aufmerksamkeit für das Auftreten kritischer Situationen schärfen, um alle Ressourcen zu mobilisieren, die uns helfen können, derartigen Prozessen frühzeitig entgegenzutreten.

3. Wir betrachten es als eine wichtige Aufgabe, die in einer therapeutischen Situation in uns entstehende negative Emotionalität *in eine positive emotionale Verbundenheit mit unseren Patienten zu transformieren*. Der entscheidende Schritt besteht darin, innerlich zurückzutreten und die therapeutische Situation zu *reflektieren*. Wenn wir beispielsweise entdecken, dass sich ein leicht vorwurfsvoller Ton in unsere Intervention gemischt hat, und wir annehmen können, dass wir damit die uns zugewiesene Übertragungsrolle einer vorwurfsvollen Bezugsperson angenommen haben, ist bereits ein wichtiger Schritt auf dem Wege zur Restitution einer hilfreichen therapeutischen Beziehung getan. Wenn wir dann erkennen, dass wir uns mit einem in uns projizierten Selbstanteil des Patienten identifiziert oder eine problematische Beziehungserfahrung gemeinsam mit dem Patienten szenisch wiederholt haben, kann die reflektierende Bewusstwerdung dieser Vorgänge eine erhebliche emotionale Entlastung bringen. Vor allem kann sie dazu beitragen, dass sich eine – für den Patienten und für uns – gleichermaßen belastend erlebte Behandlungssituation auflöst und in eine kooperative therapeutische Beziehung übergeht. In aller Regel werden wir es nicht vermeiden können, dass wir zum einen oder anderen Zeitpunkt in eine Übertragung-Gegenübertragungs-Inszenierung einbezogen werden. Entscheidend ist, dass wir – wenn auch erst in der nachträglichen Reflexion – bemerken, dass wir Mitspieler bei einer unbewussten Inszenierung geworden sind, und uns um ihre Auflösung in einem gemeinsamen Verstehensprozess bemühen.

4. Zum Schutz vor der Gefahr des Ausagierens negativer Aspekte der Gegenübertragung können wir uns fragen, ob wir die *notwendige innere Distanz* zu den Geschehnissen in der Therapie herstellen können –

oder ob die Patienten innerlich so nah an uns herangerückt sind, dass unsere professionelle Distanz gefährdet ist. Eine übermäßige eigene emotionale Beteiligung kann unsere selbstreflexiven Fähigkeiten einschränken und unsere kritische Distanz zum eigenen therapeutischen Handeln schwächen. Weiterhin können wir uns fragen, ob wir auf der Basis eines bestmöglichen Verständnisses der aktuellen Patientendynamik oder aus einem inneren Handlungsdruck heraus intervenieren. Besondere Vorsicht ist geboten, wenn wir uns in unseren Verhaltensweisen zunehmend von den Verhaltensmustern entfernen, die wir anderen Patienten gegenüber zeigen.

5. Wir können überlegen, ob wir aufgrund eigener biografischer Erfahrungen *für bestimmte patientenseitige Projektionen besonders vulnerabel* sind. Dies ist meist dann der Fall, wenn die in uns projizierten negativen Selbstanteile der Patienten auf eigene ähnliche Selbstanteile treffen und diese verstärken. Dann müssen wir entweder die dadurch erzeugte emotionale Belastung ertragen oder damit rechnen, dass wir Abwehrmechanismen gegen ihre Bewusstwerdung mobilisieren. Hier kann die Selbsterfahrung einen wichtigen Beitrag leisten. Wenn uns mit ihrer Hilfe bewusst geworden ist, dass wir die Neigung haben, bei bestimmten auslösenden Bedingungen unter den Druck eigener übermäßig kritischer Introjekte zu geraten, kann uns diese Erkenntnis in entscheidender Hinsicht helfen: Wir können dann besonders aufmerksam darauf achten, ob Patienten gerade solches Material in uns »deponieren«, das nach dem »Schlüssel-Schloss-Prinzip« zu unseren eigenen konflikthaften psychischen Inhalten passt, und uns gezielt darum bemühen, diese Inhalte als patienteninduziert und von unseren eigenen psychischen Inhalten differenziert wahrzunehmen und zu behandeln.

6. Gelegentlich sind wir damit konfrontiert, dass – auch dann, wenn wir uns Klarheit über die Wirkung der projektiven Identifizierung verschafft haben und auf diese Weise Distanz zu den mutmaßlich in uns projizierten Selbstanteilen der Patienten herstellen konnten – Reste dieser Emotionen und Selbstanteile in uns weiterwirken und unsere Befindlichkeit und Empathiefähigkeit empfindlich stören. Wir schlagen dann die Anwendung von *imaginativen Distanzierungstechniken* und *Techniken zur Aktivierung ressourcenreicher Zustände* vor, wie wir sie

5.6 Fehlende emotionale Distanz und Transformation negativer Emotionalität

auch Patienten zur Distanzierung von überwältigenden negativen Emotionen empfehlen[155] (▶ Kap. 4.3.2). Wir können uns beispielsweise das in uns projizierte negative psychische Material – das belastende Gefühl, den intrusiven Gedanken, den drängenden Impuls – als konkretes Gebilde vorstellen, das wir in einen imaginären »Container« (»Tresor«) legen und dort verschlossen aufbewahren können. In manchen Fällen haben wir es auch als entlastend erlebt, wenn wir es uns gestattet haben, eine größere räumliche Distanz zu unserem Patienten oder eine unsichtbare Trennwand zwischen ihm und uns zu imaginieren. Die so markierte Objektgrenze muss keinesfalls zu einer Distanzierung auf der Beziehungsebene führen; sie kann, im Gegenteil, auch eine verlorengegangene Empathiefähigkeit wiederherstellen. Nachdem wir eine ausreichende Distanz zu den negativen Emotionen erreicht haben, können wir zusätzlich positive Erinnerungsbilder an eigene professionelle Erfolge und positive menschliche Begegnungen in therapeutischen Kontexten reaktivieren und so unsere therapeutische Empathie- und Mentalisierungsfähigkeit restituieren.

7. In ähnlicher Weise kann es vorkommen, dass wir zwar bemerken, wie wir in die Reinszenierung eines frühen Beziehungsmusters einbezogen werden, aber von dem Patienten ein so *großer Interaktionsdruck* ausgeht, dass wir ihm nur unter Aufbietung aller Kräfte widerstehen können. Dies ist in der Regel der Fall, wenn das die Inszenierung zentral bestimmende Beziehungsangebot des Patienten auf eine passende emotionale Befindlichkeit und Bedürfnislage auf unserer Seite trifft. Die entscheidende Ressource ist auch hier unsere Fähigkeit, die entstandene Situation in der therapeutischen Beziehung zu reflektieren. Eine sorgfältige Reflexion der eigenen wie der patientenseitigen Bedürfnislage und die Rückbesinnung auf die Kriterien einer guten therapeutischen Beziehung können uns auch hier helfen, einem als schädigend erlebten Interaktionsimpuls zu widerstehen. Bei hoher eigener Spannung oder Erregung bedienen wir uns der Vorstellung, die »*Stopp-Taste zu drücken*«, um die Möglichkeit des Innehaltens zu schaffen und drängenden Handlungsimpulsen Einhalt zu gebieten. Wir sind gut beraten, jederzeit einige Handlungsmuster zur Verfügung haben, die

---

155 Wöller W et al. (2020)

uns befähigen, aus einem innerlich aufgewühlten in einen beruhigten und reflektierten Zustand überzuwechseln.
8. Es kann auch hilfreich sein, *Patienten zu einem gemeinsamen Moment der Beruhigung und Reflexion einzuladen* und ihnen anzubieten, zusammen mit ihnen eine Atemübung durchzuführen oder eine Klopftechnik zu praktizieren. Klopftechniken, bei der Akupunkturpunkte geklopft oder berührt werden, können oft wirkungsvoll zur Beruhigung und Distanzierung von einer bedrängenden Emotionalität beitragen.[156] Sobald uns dies gelungen ist, sind wir aufgerufen, unsere Gegenübertragung – unsere Emotionen, Gedanken, Fantasien, Handlungsimpulse – zu registrieren und unsere eigene Mentalisierungsfunktion zu überprüfen.
9. Sicherlich ist die Verfügbarkeit einer regelmäßigen *Supervision oder Intervision* eine ideale externe Ressource, um eine unentdeckt gebliebene Verstrickung oder eine therapieschädliche unbewusste Mitwirkung bei einer Inszenierung zu identifizieren. Die wichtigste Voraussetzung für eine erfolgreiche Reflexion dieser Prozesse ist jedoch die *Enttabuisierung von Behandlungsfehlern* und die Etablierung einer konstruktiven *Fehlerkultur*. Diese sind nur durch offene und authentische Fallberichte in Supervisionen, Intervisionen oder Fallseminaren zu realisieren. Hier liegt es in der Verantwortung der jeweiligen Supervisoren, Fachkollegen oder der Seminarleiter, die dafür notwendige wohlwollende Atmosphäre herzustellen, die allein in der Lage ist, mögliche Schamaffekte aufgrund von Behandlungsfehlern oder Verstrickungen aufzufangen.
10. Eine wichtige Ressource, über die wir als psychodynamisch orientierte Psychotherapeuten verfügen sollten, ist die Bereitschaft zur *Auseinandersetzung mit unseren eigenen Verleugnungs- und Rationalisierungstendenzen*. Uns sollte bewusst sein, dass unsere Fähigkeit zur selbstkritischen Reflexion des eigenen therapeutischen Handelns durch unbewusste Abwehrprozesse – insbesondere rationalisierende und verleugnende Abwehrmuster – eingeschränkt sein kann. Auch moralischen Standards verpflichtete Therapeuten können unter bestimmten auslösenden Bedingungen in eine destruktive Dynamik mit ihren

---

156 Bohne M (2010)

Patienten geraten.[157] Warnen möchten wir vor der illusorischen Vorstellung, unsere eigene Ausbildungsanalyse oder -therapie würde uns automatisch davor schützen, in schädigende regressive Prozesse hineingezogen zu werden. Sie kann allenfalls dafür sensibilisieren, jedoch keinen absoluten Schutz bieten. Doch anstatt die Möglichkeit eigenen destruktiven Agierens wegen ihres potenziell bedrohlichen Charakters zu leugnen, können wir uns der allgegenwärtigen Existenz unbewusster Einflüsse erinnern und uns der Ressourcen besinnen, die uns helfen können, der Entwicklung destruktiver Prozesse frühzeitig entgegenzuwirken.

11. Wir haben bereits an anderer Stelle hervorgehoben, dass wir die *Rückmeldungen unserer Patienten* zum bisherigen Therapieverlauf und zur wahrgenommenen Qualität der therapeutischen Beziehung für eine äußerst wertvolle Ressource halten, um Fehleinschätzungen zu korrigieren und Brüche in der therapeutischen Beziehung zu identifizieren. Aus unserer Sicht bedarf es dazu nicht zwingend umfangreicher formalisierter Rückmeldeprozeduren, jedoch einer anhaltenden Bereitschaft, im therapeutischen Dialog immer wieder die Sichtweise der Patienten einzuholen. Diese Rückmeldeschleifen können dann, wenn sie einmal zur Gewohnheit geworden sind, zu einem selbstverständlichen Teil des therapeutischen Prozesses werden und uns Therapeuten als Korrektiv für unser Unbewusstes dienen.

12. Abschließend wollen wir noch einige Fragen formulieren, die wir uns im Rahmen der Selbstreflexion stellen können:
    - Finde ich bei mir ein grobes Unwohlsein oder eine stärkere Erregung?
    - Habe ich eine ausreichende reflektierende Distanz zu meinen eigenen Emotionen?
    - Habe ich das Empfinden, unter einem stärkeren Handlungsdruck zu stehen?
    - Besteht bei mir sogar ein Wunsch nach einem »Befreiungsschlag«?
    - Inwieweit hat – z. B. in Momenten hoher emotionaler Aktivierung – die eingeschränkte Mentalisierungsfunktion des Patienten auch meine Mentalisierungsfähigkeit beeinträchtigt?

---

157 Gabbard GO (2007)

- Inwieweit habe ich durch mein eigenes Verhalten die Mentalisierungsfunktion des Patienten ungünstig beeinflusst und ggf. zu deren Zusammenbruch beigetragen?
- Hat der Patient möglicherweise für ihn unerträgliche Emotionen oder Selbstanteile qua projektiver Identifizierung in mich projiziert?
- Habe ich mich in die Reinszenierung eines früheren Beziehungsmusters verwickeln lassen?
- Welches zentrale Beziehungsbedürfnis steht für den Patienten wahrscheinlich aktuell im Vordergrund?
- Mit welcher Regulationsform hat er die negative Emotionalität in mir erzeugt?

Übersicht 19: Umgang mit fehlender emotionaler Distanz und Transformation der negativen Emotionalität

- Wirkmächtigkeit unbewusster Prozesse und deren Einfluss auf das eigene therapeutische Handeln anerkennen
- negative Emotionalität in eine positive emotionale Verbundenheit mit Patienten transformieren
- reflektierende Distanz zu eigenen Emotionen bewahren
- Vulnerabilität gegenüber patientenseitigen Projektionen beachten
- mit der Einbeziehung in die Reinszenierung schädigender Beziehungserfahrungen rechnen
- Interaktionsdruck der Patienten widerstehen
- »Stopp-Taste drücken«, um die Möglichkeit des Innehaltens zu schaffen
- Patienten zu einem gemeinsamen Moment der Beruhigung und Reflexion einladen
- imaginative Distanzierungstechniken und ressourcenreiche Bilder nutzen
- Supervision und Intervision wahrnehmen
- Auseinandersetzung mit eigenen Verleugnungs- und Rationalisierungstendenzen
- Enttabuisierung von Behandlungsfehlern

- regelmäßige Rückmeldungen von Patienten einholen

5.7 Schluss

Wir hoffen gezeigt zu haben, dass eine ressourcenorientierte Haltung in der psychodynamischen Psychotherapie weit davon entfernt ist, sich einem verflachenden Positiv-Denken zu verschreiben, das ausschließlich oder vorwiegend auf die Bewusstmachung der Stärken der Patienten und die Produktion positiver Emotionalität ausgerichtet ist. Ebenso hoffen wir, überzeugend darlegt zu haben, dass eine Auffassung von psychodynamischer Therapie, die die wertvollen Bestände des psychoanalytischen Erfahrungswissens bewahrt und gleichzeitig die gesicherten Befunde aus den Neuro- und Entwicklungswissenschaften und der Psychotherapieforschung rezipiert, zur Vertiefung des psychotherapeutischen Prozesses beitragen kann. Nicht zuletzt wollen wir betonen, welche große Bedeutung gerade auch unter dem Blickwinkel der Ressourcenorientierung unbewussten Prozessen im Therapiegeschehen zukommt.

Vor allem aber sollte deutlich geworden sein, dass wir unter dem Blickwinkel der Ressourcenorientierung nicht nur eine dem psychodynamischen Denken vertraute Beziehungsdimension – die Dimension der positiven Aspekte der realen und fantasierten äußeren und verinnerlichten Objektbeziehungen – ansprechen. Vielmehr können wir mit der so gewonnenen Perspektive auch die Gesamtheit unseres therapeutischen Instrumentariums – die Welt der Theorien, Modelle, Interventionen, Behandlungssettings und selbst die verwendeten Fachbegriffe – auf den Prüfstand stellen. Wir können uns fragen, ob sie noch immer die für einen gelingenden Therapieprozess notwendige Ressourcenqualität aufweisen, die ihnen traditionell zugeschrieben wurden – oder ob weitere Ressourcen im Sinne nützlicher Theorien, Modelle, Interventionen oder Therapieangebote aufgefunden und aktiviert werden können, die vielleicht den berechtigten Anliegen unserer Patienten noch mehr gerecht werden können als diejenigen, die uns heute zur Verfügung stehen. Offenheit für neue Entwicklungen, der Mut, Althergebrachtes, das seine Ressourcenfunktion nicht mehr erfüllt, zurückzulassen und ein grundsätzlich nie endender Suchprozess nach neuen therapeutischen Ressourcen betrachten wir als Merkmale einer zeitgemäßen, dem Patientenwohl verpflichteten psychodynamischen Psychotherapie.

Literatur

Ackerman SJ, Hilsenroth MJ (2003) A review of therapist characteristics and techniques positively impacting the therapeutic alliance. Clinical Psychology Review 23, 1–33.
Allison KL, Rossouw PJ (2013) The therapeutic alliance: Exploring the concept of »safety« from a neuropsychotherapeutic perpective. International Journal of Neuropsychotherapy 1, 21–29.
Arbeitskreis OPD (Hrsg.) Operationalisierte Psychodynamische Diagnostik – OPD-3. Das Manual für Diagnostik und Therapieplanung. Hogrefe, Göttingen.
Beebe B, Lachmann FM (1998) Co-constructing inner and relational processes: Self- and mutual regulation in infant research and adult treatment. Psychoanalytical Psychology 15, 480–516.
Benecke C (2014) Klinische Psychologie und Psychotherapie. Ein integratives Lehrbuch. Kohlhammer: Stuttgart.
Benjamin J (2006) Tue ich oder wird mir angetan? Ein intersubjektives Triangulierungskonzept. In: Altmeyer M, Thomä H (Hg) Die vernetzte Seele. Die intersubjektive Wende in der Psychoanalyse. Klett-Cotta, Stuttgart, 65–107.
Bion WR (1962/1990) Lernen durch Erfahrung. Suhrkamp, Frankfurt a. M.
Bohleber W (2012) Was Psychoanalyse heute leistet. Identität und Intersubjektivität, Trauma und Therapie, Gewalt und Gesellschaft. Klett-Cotta: Stuttgart.
Bohne M (2010) Klopfen mit PEP. Heidelberg: Carl Auer.
Bollas C (1987/2014) Der Schatten des Objekts. 5. Aufl. Klett-Cotta: Stuttgart.
Bordin ES (1979) The generalizability of the psychoanalytic concept of the working alliance. Psychotherapy 16, 252–260.
Chui H, Hill CE, Kline K, Kuo P, Mohr JJ (2016) Are you in the mood? Therapist affect and psychotherapy process. Journal of Counseling Psychology 63, 405–418.
Cologon J, Schweitzer R, King R, Nolte T (2017) Therapist reflective functioning, therapist attachment style and therapist effectiveness. Administration in Policy and Mental Health 44, 614–625.
Cozolino L (2017) Warum Psychotherapie wirkt. Mit unserem Geist das Gehirn verändern. Arbor: Freiburg.
Damasio AR (2000) Ich fühle, also bin ich. Die Entschlüsselung des Bewusstseins. List: München.

Deneke FW (2013) Psychodynamik und Neurobiologie. Dynamische Persönlichkeitstheorie und psychische Krankheit. Eine Revision psychoanalytischer Basiskonzepte. Stuttgart: Schattauer.

Dornes M (1993/2015) Der kompetente Säugling. 14. Aufl. Fischer: Frankfurt a. M.

Dudai Y, Eisenberg M (2004) Rites of passage of the engram: Reconsolidation and the lingering consolidation hypothesis. Neuron 44, 93–100.

Duncan B, Miller S (2000) The Heroic Client: Principles of Client-directed, Outcome-informed Therapy. San Francisco: Jossey-Bass.

Edelman G, Tononi, G. (2000), A Universe of Consciousness: How Matter Becomes Consciousness. Basic Books: New York.

Emde RN (1988) Innate and motivational action from infancy. International Journal of Psychoanalysis 69, 23–42.

Epstein S (1990) Cognitive-experiential selftheory for personality and developmental theory. In: Pervin LA (ed) Handbook of Personality: Theory and Research. Guilford, New York, 165–192.

Erikson EH (1966/1973) Identität und Lebenszyklus. 30. Aufl. Suhrkamp, Frankfurt a. M.

Ermann M (2011) Identität, Identitätsdiffusion, Identitätsstörung. Psychotherapeut 56, 135–141.

Ermann M (2014) Der Andere in der Psychoanalyse. Die intersubjektive Wende. Kohlhammer: Stuttgart.

Feldman M (1999) Projektive Identifizierung: Die Einbeziehung des Analytikers Psyche – Zeitschrift für Psychoanalyse 53, 991–1014.

Fine C, Berkowitz A (2001) The wreathing protocol: The imbrication of hypnosis and EMDR in the treatment of dissociative identity disorder and other dissociative responses. American Journal of Clinical Hypnosis 43, 275–290.

Flückiger C, Wüsten G (2015) Ressourcenaktivierung. 2. Aufl. Huber: Bern.

Fonagy P, Gergely G, Jurist EL, Target M (2011) Affektregulierung, Mentalisierung und die Entwicklung des Selbst. 4. Aufl. Klett-Cotta, Stuttgart.

Fredrickson BL (1998) What good are positive emotions? Review of General Psychology 2, 300–319.

Fredrickson BL, Joiner T (2002) Positive emotions trigger upward spirals toward emotional wellbeing. Psychological Science 13, 172–175.

Freud A (1936/2012) Das Ich und die Abwehrmechanismen. Fischer: Frankfurt a. M.

Freud S (1900) Die Traumdeutung. GW Bd 2–3, 1–642.

Freud S (1914) Zur Einführung des Narzißmus. GW Bd 10, 137–170.

Freud S (1926) Hemmung, Symptom und Angst. GW Bd 14, 111–205.

Gabbard GO (2007) Die Rolle des Traumas des Analytikers bei der Pathogenese professioneller Grenzverletzungen. In: Müller M, Wellendorf F (Hg) Zumutungen – Die unheimliche Wirklichkeit der Übertragung, edition discord, Tübingen, 301–313.

Gast U, Wirtz G (Hg) (2016) Dissoziative Identitätsstörung bei Erwachsenen. Expertenempfehlungen und Praxisbeispiele. Klett-Cotta: Stuttgart.

Grawe K (1998) Psychologische Therapie. Hogrefe: Göttingen.
Grawe K (2004) Neuropsychotherapie. Hogrefe: Göttingen.
Grawe K, Grawe-Gerber M (1999) Ressourcenaktivierung. Ein primäres Wirkprinzip der Psychotherapie. Psychotherapeut 44, 63–73.
Gumz A, Rugenstein K, Munder T (2018) Allianz-Fokussiertes Training. Psychotherapeut 63, 55–61.
Hannan C, Lambert MJ, Harmon C, Nielsen SL, Smart DW, Shimokawa K et al. (2005) A lab test and algorithms for identifying clients at risk for treatment failure. Journal of Clinical Psychology 61, 155–163.
Hartmann H (1939/1975) Ich-Psychologie und Anpassungsproblem. 3. Aufl. Klett: Stuttgart.
Heigl-Evers A, Heigl F (1983) Das interaktionelle Prinzip in der Einzel- und Gruppenpsychotherapie. Zeitschrift für Psychosomatische Medizin und Psychoanalyse 29, 1–14.
Heimann P (1950/1996) Über die Gegenübertragung. Forum der Psychoanalyse 12, 179–184.
Heisterkamp G (1999) Zur Freude in der analytischen Psychotherapie. Psyche – Zeitschrift für Psychoanalyse 53, 1247–1265.
Hoffmann SO (Hg) (1983) Deutung und Beziehung. Kritische Beiträge zur Behandlungskonzeption und Technik in der Psychoanalyse. Fischer: Frankfurt a. M.
Hoffmann SO (2019). Der therapeutische Prozess in der PDP. Beginn und konstitutive Merkmale. PDP – Psychodynamische Psychotherapie 18, 68–75.
Hofmann A (2014) EMDR. Praxishandbuch zur Behandlung traumatisierter Menschen. 5. Aufl. Thieme: Stuttgart.
Janet P (1889) L'automatisme psychologique. Alcan: Paris.
Jarero I, Artigas L, Montero M (2008) The EMDR integrative group treatment protocol: Application with child victims of mass disaster. Journal of EMDR Practice and Research 2, 97–105.
Jung CG (1948) Über psychische Energetik und das Wesen der Träume. Über psychische Energetik und das Wesen der Träume. Rascher: Zürich.
Kernberg OF (1992/2010) Objektbeziehungen und Praxis der Psychoanalyse. 7. Aufl. Klett-Cotta: Stuttgart.
Kernberg OF (2011) Borderline-Störungen und pathologischer Narzissmus. 15. Aufl. Suhrkamp: Frankfurt a. M.
Killingmo B (2006) A plea for affirmation relating to states of unmentalised affects. Scandinavian Psychoanalytical Review 29, 13–21.
Kohut H (1971/2021) Narzißmus. Eine Theorie der psychoanalytischen Behandlung narzißtischer Persönlichkeitsstörungen. 18. Aufl. Suhrkamp: Frankfurt a. M.
König K (1981) Angst und Persönlichkeit. Vandenhoeck & Ruprecht: Göttingen.
Korn D, Leeds A (2002) Preliminary evidence of efficacy for EMDR resource development and installation in the stabilization phase of treatment of complex posttraumatic stress disorder. Journal of Clinical Psychology 58, 1465–1487.

Lachmann F, Beebe B (1996) Three principles of salience in the organization of the patient-analyst interaction. Psychoanalytical Psychology 13, 1–22.

Lambert MJ (2013) The efficacy and effectiveness of psychotherapy. In: Lambert MJ (ed) Bergin and Garfield's Handbook of Psychotherapy and Behavior Change. 6th ed. Hoboken NJ: Wiley, 169–218.

Lansford E (1986) Weakenings and repairs of the working alliance in short-term psychotherapy. Professional Psychology Research and Practice 17, 364–366.

LeDoux J (1998) Das Netz der Gefühle. Wie Emotionen entstehen. Hanser: München.

Leichsenring F, Steinert C (2024) Wie wirksam ist das Verfahren? Empirische Forschung zur Wirksamkeit der psychodynamischen Psychotherapie. In: Wöller, Kruse J (Hg) tiefenpsychologisch fundiert der Psychotherapie. Schattauer, Stuttgart; 32–44.

Leutner S, Cronauer E (2022) Traumatherapie-Kompass. Begegnung, Prozess und Selbstentwicklung in der Therapie mit Persönlichkeitsanteilen. Vandenhoeck & Ruprecht: Göttingen.

Levin FM (1980) Metaphor, affect, and arousal: How interpretations might work. Annals of Psychoanalysis 8, 231–245.

Levine HB (2014) Die nichtfarbige Leinwand: Repräsentation, therapeutisches Handeln und die Bildung der Psyche. Psyche – Zeitschrift für Psychoanalyse 68, 787–819.

Lichtenberg J, Lachmann F, Fosshage J (2000) Das Selbst und die motivationalen Systeme. Zu einer Theorie psychoanalytischer Technik. Brandes & Apsel: Frankfurt a. M.

Linehan MM (2008) Dialektisch-Behaviorale Therapie (DBT) der Borderline-Persönlichkeitsstörung. DBT Therapiebuch. Psychosozial: Göttingen.

Loewald H (1986) Psychoanalyse. Aufsätze aus den Jahren 1951–1979. Klett-Cotta: Stuttgart.

Lyons-Ruth K and the Boston Change Process Study Group (2001) The emergence of new experiences: Relational improvisation, recognition process, and nonlinear change in psychoanalytic therapy. Newsletter of the Division of Psychoanalytic Psychology of the American Psychological Association 21, 13–17.

Mahler MS, Pine F, Bergman A (1980) Die psychische Geburt des Menschen. Fischer: Frankfurt a. M.

Mattheß H, Nijenhuis E (2013) Strukturelle Dissoziation der Persönlichkeit. Störungsbilder mit schwerer dissoziativer Persönlichkeitsdesintegration mit der Wertigkeit einer Persönlichkeitsstörung. In: Wöller W. Trauma und Persönlichkeitsstörungen. 2. Aufl. Schattauer, Stuttgart, 113–135.

Nestmann F (1996) Psychosoziale Beratung – ein ressourcentheoretischer Entwurf. Verhaltenstherapie und Psychosoziale Praxis 28, 359–376.

Panksepp J (1998) Affective Neuroscience. The Foundation of Human and Animal Emotions. University Press: Oxford.

Psychotherapie-Richtlinien (2009/2018) Richtlinie des Gemeinsamen Bundesausschusses über die Durchführung der Psychotherapie (Psychotherapie-Richtlinie) in der Fassung vom 19. Februar 2009 BAnz. Nr. 58 (S. 1399) vom 17.04.2009, zuletzt geändert am 18. Oktober 2018, veröffentlicht im Bundesanzeiger (BAnz AT 20.12.2018 B2) in Kraft getreten am 21. Dezember 2018.

Ramseyer F, Tschacher W (2011) Journal of Consultant and Clinical Psychology 79, 284–295.

Reading RA, Safran JD, Origlieri A, Muran JC (2019) Investigating therapist reflective functioning, therapeutic process, and outcome. Psychoanalytical Psychology 36, 115–121.

Reddemann L (2016) Imagination als heilsame Kraft. Ressourcen und Mitgefühl in der Behandlung von Traumafolgen. 19. Aufl. Klett-Cotta: Stuttgart.

Reddemann L (2021) Psychodynamisch Imaginative Traumatherapie – PITT. Ein Mitgefühls- und Ressourcen-orientierter Ansatz in der Psychotraumatologie. 11. Aufl. Klett-Cotta. Stuttgart.

Reddemann L, Wöller W (2019) Komplexe posttraumatische Belastungsstörung. 2. Aufl. Hogrefe. Göttingen.

Rudolf G (2020) Strukturbezogene Psychotherapie. Leitfaden zur psychodynamischen Therapie struktureller Störungen. 4. Aufl. Schattauer: Stuttgart.

Sack M (2010) Schonende Traumatherapie. Ressourcenorientierte Behandlung von Traumafolgestörungen. Schattauer: Stuttgart.

Safran JD, Muran (2000) Negotiating the Therapeutic Allliance: A Relational Treatment Guide. Guilford Press: New York.

Sandler J (1960) Sicherheitsgefühl und Wahrnehmungsvorgang. Psyche – Zeitschrift für Psychoanalyse 15, 124–131.

Schore AN (2014) The right brain is dominant in psychotherapy. Psychotherapy 51, 388–397.

Shapiro F (2012) EMDR – Grundlagen und Praxis. Handbuch zur Behandlung traumatisierter Menschen. 3. Aufl. Junfermann: Paderborn.

Steinert C, Bumke PJ, Hollekamp RL, Larisch A, Leichsenring F, Mattheß H, Sek S, Sodemann U, Stingl M, Ret T, Vojtova H, Wöller W, Kruse J (2016) Treating posttraumatic stress disorder by resource activation in Cambodia. World Psychiatry 15, 183–185.

Stern DB (1997) Unformulated Experience: From Dissociation to Imagination in Psychoanalysis. Hillsdale, NJ: Analytic Press.

Stern DN (1992/2020) Die Lebenserfahrung des Säuglings. 12. Aufl. Klett-Cotta: Stuttgart.

Stern DN, Sander LW, Nahum JP, Harrison AM, Lyons Ruth K, Morgan AC, Bruschweiler-Stern N, Tronick EZ (2002) Nicht deutende Mechanismen in der psychoanalytischen Therapie. Das Etwas-Mehr als Deutung. Psyche – Zeitschrift für Psychoanalyse 56, 974–1006.

Stolorow R, Atwood G, Brandchaft B (1994) The difficult patient. In: Stolorow Atwood G, Brandchaft B (eds) The Intersubjective Perspective. Jason Aronson Book, New York/Toronto/Oxford, 93–112.

Thomä H, Kächele H (2006) Lehrbuch der psychoanalytischen Therapie, 3. Aufl. Springer: Berlin Heidelberg New York Tokyo.

Trautmann-Voigt S, Voigt B (Hg) (1998) Bewegung ins Unbewusste. Beiträge zur Säuglingsforschung und analytischen Körperpsychotherapie. Brandes & Apsel, Frankfurt a. M.

Tronick EZ, Bruschweilwer-Stern N, Harrison AM, Lyons-Ruth K, Morgan AC, Nahum JP, Sander L, Stern DN (1998) Dyadically expanded states of consciousness and the process of therapeutic change. The Infant Mental Health Journal 19, 290–299.

van der Hart O, Nijenhuis ERS, Steele, K. (2008) Das verfolgte Selbst. Trauma und Dissoziation. Strukturelle Dissoziation und die Behandlung chronischer Traumatisierung: Junfermann: Paderborn.

Walfish S, McAllister B, O'Donnell & Lambert MJ (2012) An investigation of self-assessment bias in mental health professionals. Psychological Reports 110, 639–944.

Watkins J, Watkins HH (2012) Ego-States –Theorie und Therapie. Ein Handbuch. 3. Aufl. Carl-Auer-Systeme: Heidelberg.

Weiss H, Harrer ME (2010) Achtsamkeit in der Psychotherapie. Psychotherapeutenjournal 9, 14–25.

WHO (2022) ICD–11. International Classification of Diseases, 11th Revision. World Health Organization.

Willutzki U, Teismann T (2013) Ressourcenaktivierung in der Psychotherapie. Hogrefe: Göttingen.

Winnicott DW (1949/2008) Von der Kinderheilkunde zur Psychoanalyse. Psychosozial: Gießen.

Winnicott DW (1971/2018) Vom Spiel zur Kreativität. Klett-Cotta: Stuttgart.

Wöller W (2013) Trauma und Persönlichkeitsstörungen. Ressourcenbasierte psychodynamische Therapie. 2. Aufl. Schattauer: Stuttgart.

Wöller W (2016a) Der ausreichend gute Therapeut. Psychotherapeut 61, 105–109.

Wöller W (2016b) Assoziationsmodell. Drittes psychodynamisches Theoriemodell neben Konflikt- und Strukturmodell? Psychotherapeut 61, 66–72.

Wöller W (2022) Psychodynamische Psychotherapie. Lehrbuch der ressourcenorientierten Praxis. Schattauer: Stuttgart.

Wöller W, Lampe A, Mattheß H, Schellong J, Leichsenring F, Kruse J (2020) Psychodynamische Therapie der komplexen posttraumatischen Belastungsstörung. Ein Manual zur Behandlung nach Kindheitstrauma. Schattauer: Stuttgart.

Wöller W, Kruse J (2024) Tiefenpsychologisch fundierte Psychotherapie. 3. aktualisierter Nachdruck der 5. Auflage. Schattauer: Stuttgart.

Wolpe J (1969) The Practice of Behavior Therapy. Pergamon Press: New York.

Wurmser L (2012) Die zerbrochene Wirklichkeit. Psychoanalyse als das Studium von Konflikt und Komplementariät. Springer: Berlin.

Stichwort- und Personenverzeichnis

A

Abgespaltene Erinnerungsfragmente 92
Abwehrbedingte Lustigkeit 56
Abwehrfunktion der dissoziativen Symptomatik 88
Abwehrmechanismen 122
Achtsamkeitsbasierte Haltung 65
Adaptive neuronale Netzwerke 29
Aktivierung positiver Erinnerungsbilder 81, 83
Aktualneurose 93
Allianzrupturen 62
Anerkennung des anderen 32
Angst vor Neuem und Unbekannten 112
Annäherungsmodus 33
Aufbau von Ich-Funktionen 68
Aufdeckung unbewusster Zusammenhänge 73
Aufspaltung der Persönlichkeitsorganisation 88
Auftragsklärung 60
Aufwärtsspirale positiver Emotionalität 33, 124

B

Balance zwischen positiven und negativen Emotionen 52
Basale emotionale Systeme 31
Bedeutung unbewusster Prozesse 17
Bedürfnis nach Lustgewinn und Unlustvermeidung 29
Bedürfnis nach Orientierung und Kontrolle 21, 29
Bedürfnis nach Selbstwertschutz und Selbstwerterhöhung 29
Begegnungsmomente 32, 56
Beta-Elemente 93
– unverdaute 124
Bewusstmachung unbewusster Konflikte 68
Beziehungsbedürfnisse
– zentrale 13, 16
Beziehungserfahrungen
– positive 15
– verinnerlichte 15
Bindungsbedürfnis 29
Biologisch fundierte Motivationstheorien 28
Biologische Synchronien 38
Bion, WR 45, 123
Blockade-Phänomene 91
Blockaden der therapeutischen Beziehung 117, 123
Blockaden des therapeutischen Prozesses 110, 111
– patientenseitige Gründe 112, 114
– therapeutenseitige Gründe 115, 117
Blockaden des Therapieprozesses 62

Blockierende Beziehungskonstellationen 91
Broaden and build-Theorie 33
Brüche der therapeutischen Beziehung 62, 65

C

Container-Contained-Modell 123
Container-Technik 80
Couch-Setting 75

D

Differenzialindikation schonender traumakonfrontativer Methoden 107
Dissoziations-Diagnostik 99
Dissoziative Komorbiditäten 99
Dissoziative Störungen 92
Dyadische Abstimmungsprozesse 34

E

Ebenen der Regulation
– anhaltende Regulation 37
– Momente gesteigerter Affektivität 37
– Ruptur und Reparatur 37
Ego-States 88
Einfluss unbewusster Prozesse 126
EMDR 106
– Ablauf einer Sitzung 107
– Standardprotokoll 106
Emotionale Ko-Regulation 35
Empathie 50
Empirischer Wirkungsnachweis der psychodynamischen Therapie 23
Enttabuisierung von Behandlungsfehlern 130
Entwicklungsobjekt 109

Erickson, MH 18
Erwartungen an die Therapie 40

F

Fehleinschätzung des ich-strukturellen Niveaus 116
Feldman, M 125
Fonagy, P 47
Fredrickson, BL 33
Freie Assoziation 73, 74
Freudvolles Spielen 32

G

Gegenübertragung 117, 119
– Neubewertung der 118
Gegenübertragung auf der inneren Bühne 91
Generierung positiver emotionaler Zustände 79
Grenzsetzungen 113
Grundbedürfnisse 20, 54
Grundgefühl von Sicherheit und Wohlbefinden 32

H

Heimann, P 118
Hilfreiche Objektbeziehung 15
Hinweise auf unbewusstes Konfliktgeschehen 71
Humor 56

I

Ich-Funktionen 84
Ich-Funktionseinschränkungen 77
Identifikation von Allianzrupturen 63
Identitätsstörung 88

Imaginärer Container   129
Imagination einer inneren Helferfigur   81
Imagination eines Wohlfühlortes«
   (sicherer Ort   80
Imaginative Screen-Technik   107
Implizites Beziehungswissen   36, 51
Indikatoren für günstigen Therapieverlauf   61
Innere Distanz   127
Interaktive Ko-Regulation   34
Intersubjektive Theorie   32
Interventionen
  – entlastende   56
  – ermutigende   55
  – spezifische ressourcenaktivierende   78
  – unspezifische ressourcenaktvierende   78

J

Janet, P   49
Jung, CG   18

K

Kernberg, OW   30
Klopfen des Karatepunkts   82
Kohut, H   32, 45
Konfliktmodell   68
Konfliktmuster in der Übertragung   72
Konfrontations-Ruptur   64
Kontraindikation für Anwendung der freien Assoziation   74
Kooperative therapeutische Beziehung   58, 61
Kriterien guter Theoriebildung   25

L

Lernprozesse   39
Lichtenberg, J   42

M

Maladaptive Verhaltensmuster   78
Mentalisierungsbasierte Ansätze   47
Mentalisierungsfunktion   22, 66
Mentalisierungstheorie   27
Metabolisieren   124
Missverständnisse   117
Mitgefühl   50, 51
Modell des unbewussten Konflikts   76
Modell wechselseitiger intersubjektiver Regulation   36
Möglichkeitsraum   45
Moment-zu-Moment-Regulation   36
Motivationale Konfliktkonstellationen   42
Motivationstheorie von Lichtenberg   28, 29

N

Nachträgliche Repräsentanzenbildung   96
Negative Übertragung   79, 113
Neubewertung traditioneller therapeutischer Strategien   69
Neurobiologische Orientierung   38
Nicht mentalisierte Zustände   93
Nonverbale Signale von Skepsis und Ablehnung   59

O

Objektbeziehungspsychologie   44
Objektbeziehungstheorie   30

Operationale Psychoanalytische Diagnostik (OPD-3) 43
Optimales Spannungsniveau 53

P

Panksepp, J 28, 42
Paradigma des unbewussten Konflikts 42
Patientenseitige Projektionen 125, 128
Pendel-Technik 105, 108
Pendeln 106
Positive Eigenschaften von Psychotherapeutinnen 41
Positive Emotionen 15, 32, 33
Positive Fantasien 15, 34
Positive Zielvisionen 59
Positives Körpergefühl 82
Posttraumatische Belastungsstörung 92
Problemtrance 35
Progressionsorientierung 60
Projektive Abwehrmuster 125
Projektive Identifizierung 46, 123, 128
Protokonversation 35
Psychoanalyse
– Revision des Theorienbestandes 27
Psychoanalytische Ich-Psychologie 43
Psychodynamische Behandlungstheorien 24
Psychodynamisches Beziehungsverständnis 10
Psychodynamisches Störungs- und Behandlungswissen 23

Q

Qualität der therapeutischen Beziehung 40

R

Regressive Zustände 89
Regulation der therapeutischen Stimmungslage 57
Regulation von Beziehungen 52
Regulationsvorgänge in der Therapiebeziehung 37
– anhaltende Regulationen 37
– Reparaturvorgänge 37
Regulatorische Bedeutung positiver Emotionen 34
Regulieren 52, 57
Reinszenierung von Beziehungsmustern 121, 129
Rekonsolidierung von Erinnerungen 96
Rentenwunsch 114
Reorientierung ins Hier und Jetzt 87
Reparatur der therapeutischen Beziehung 62, 65
Repräsentanzenmodell 68, 92
Reputation der Psychoanalyse 27
Resonanz 36
Ressourcen 19
– externe 19, 22
– interne 19, 22
Ressourcen-Tagebuch 83
Ressourcenaktivierende Imaginationen 80
Ressourcenaktivierende Techniken 76, 79
Ressourcenbegriff 19
Ressourcenbeziehung 15
Ressourcenfunktion 69
Ressourcenmobilisierung 101
Ressourcenorientierte Perspektive 43
Ressourcenorientierte psychodynamisch-traumakonfrontative Behandlung 100
Ressourcenorientierte psychodynamische Beziehungsgestaltung 50
Ressourcenorientiertes Arbeiten 92

Ressourcenorientierung 9, 13
- Prinzip der 15
Ressourcenperspektive 71, 72, 76
Rückmeldungen unserer Patienten 131
Rückzugs-Ruptur 64

S

Sandler, J 32
Schaffung symbolischer Repräsentanzen 68
Schmetterlings-Umarmung 83
Schutzfunktion des Widerstandes 111
Selbstfürsorge auf der inneren Bühne 89
Selbstkritische Reflexion 130
Selbstregulierung 21
Selbstständig reorientierende Maßnahmen 87
Selbstwertschutz 21
Spaltungsphänomene 88
Spezifische ressourcenorientierte Arbeit 84, 86
Spiegeln der Affekte 55
Stern, DN 32, 56
Störung der Erinnerungsverarbeitung 94
Störungen der Repräsentanzenbildung 92, 93
Störungen im Bereich der Repräsentanzenbildung 47
Stress-Absorptions-Technik 101, 108
Strukturbezogene Arbeit 76, 77
Strukturelle Dissoziation der Persönlichkeit 88
Strukturmodell 68
Strukturpathologien 79
Suggestionen 60
Symbolisch-imaginative Versorgung innerer Kindanteile 89, 90

Symbolisch versorgende Beziehungsarbeit 90
Systematik menschlicher Grundbedürfnisse 29

T

Theorie der basalen emotionalen Systeme 28
Theoriebildung der Psychoanalyse 25
Therapieaufträge 60
Therapiefreies Intervall 86
Transformation negativer Emotionalität 126, 127, 132
Transformationsobjekt 109
Traumakonfrontative Methoden 96–98
- Indikationskriterien 97
Traumamodell 68, 93
Traumatisierung
- apersonale 98
- intrafamiliäre 99
- personale 98
Tresor-Technik 80
Tronick, EZ 36

U

Übertragung als Ressource 73
Übertragung auf der inneren Bühne 91
Übertragungs- und Gegenübertragungsphänomenen auf der inneren Bühne 91
Übertragungserwartungen 73
Umgang mit fehlender emotionaler Distanz 126, 132
Umgang mit nicht symbolisch repräsentierten psychischen Zuständen 108
Unbewusste motivationale Konflikte 28, 42, 71

Unformulierte Erfahrungen 93
Universitäre Unterrepräsentierung psychodynamischer Verfahren 25
Unzureichend integrierte Persönlichkeitsanteile 113
Unzureichend integrierte Persönlichkeitszustände 87, 88
Unzureichende Repräsentanzenbildung 49

V

Validieren psychischer Realität 55
Verankerungstechnik 82
Vermeidungsmodus 34

W

Widersprüche 71
Widerstand 110, 111
Widerstandsphänomen 64
Winnicott, DW 32
Wohlwollende und positive Grundstimmung 52

Z

Zufriedenstellende therapeutische Allianz 58